CW00517194

ISBN 978-0-365-04201-3
PIBN 11268587

For support please visit www.forgottenbooks.com

Weibliche und männliche

Charaktere.

———

Von

F. Gustav Kühne.

———

Erster Theil.

———

Leipzig,

Verlag von Wilh. Engelmann.

1838.

Inhalt.

I.

Die bleiche Nonne

zu

Sant' Antonia *).

---

*) Dem berühmten Bernhardiner-Nonnenkloster in Alco-
baça (in der portugiesischen Landschaft Estremadura).

Kühne, Charaktere. I.   1

Ueber den Klostergarten breiteten sich schon die Abend=
schatten mit ihrem stillen Frieden, während die Sonne
noch den Saum der hohen Ringmauern beglänzte und
die Firnen der Berge in rothem Golde strahlten. Drau=
ßen auf den Straßen und Plätzen wogte das Leben mit
seinem bunten Gewühl und die Leidenschaft der Men=
schen, welche die Gluth des Tages in die Stille zurück=
gedrängt, richtete sich auf wie eine Blume, die nach
erfrischendem Abendthau dürstet. Lieder erklangen in
allen Gassen, die klagende Sehnsucht und die heitere
Lust wurden laut, und zwischen den Olivenbäumen des
nahen Waldes jagten sich muntere Burschen und lachende
Mädchen, oder wandelte die träumerische Liebe Arm
in Arm.

Nur innerhalb der Klostermauern schienen die Herzen still zu stehen und der lebendige Mensch sich eine Ruhestatt gebaut zu haben. Aber es war doch nur ein erheuchelter Friede, der über dem Klostergarten lag.

Schweigsam traten die Nonnen aus ihren Zellen in die dunkeln Laubschatten. Einige wandelten mit einander in stummer Eintracht. Andere setzten sich auf den Marmorrand des Bassins, wo der Springquell seine Kühlung bot, und betrachteten mit lauschender Eitelkeit ihr Spiegelbild auf der Wasserfläche. Noch Andere eilten nach den Blumenbeeten und pflegten ihre Lieblinge. Ließ sich doch auch hier, hinter den Kerkermauern einer verdumpfenden Frömmigkeit, nicht ganz die spielerische Freude der sinnlichen Menschennatur verscheuchen! Nur eine Einzige ging sinnend in das tiefere Gebüsch, um die Einsamkeit des Klosterlebens sich noch einsamer zu machen und mit ihrem Grame ganz allein zu sein. Man nannte sie die bleiche Agnes, oder die todtenstille Schwester. Alle Andern hatten noch Wünsche von Tag zu Tag, sei's für eine Blume, die sie pflegten, oder für den Vogel, den sie fütterten.

Unzugänglich für den großen Strom der Freuden dieser Welt, suchte sich doch Jede noch im Stillen ihr kleines Gelüst und war hinter den Klostermauern nicht ganz allein mit ihrem Gott. Selbst die arme Franciska, die man aus den Armen ihres Geliebten gerissen, und die nun fieberkrank auf ihrer Zelle lag, hatte noch ihre schmerzlich süßen Träume vom verlorenen Glück der Liebe. Nur Agnes hatte nichts zu beweinen, sich über nichts zu freuen; sie allein schien mit dem Leben fertig. Keine der frommen Schwestern war so pünktlich im Klosterdienste als Agnes, und doch geschah keiner so wenig Genüge damit als ihr. In ihrer unausgesetzten Pflichtvollziehung lag zugleich eine Gleichgültigkeit der Seele. Sie betete und fastete, that Buße und kasteiete sich; aber die bleiche Ruhe ihres Angesichts wich auch unter der Geißel nicht, die sie über sich schwang. Ihr Herz schien wie ein Grabgewölbe, und die bleichen Wangen waren weiße Rosen über einer tiefen Gruft. Dabei war sie mild zu Jedermann, gefällig und dienstfertig sondergleichen. Man hatte die stille Schwester lieb, obwohl Niemand dem strengen Blick ihres Auges

auf lange begegnen mochte. Von Zeit zu Zeit regte
sich unter den Schwestern wohl der Argwohn, das Ge=
müth der stillen Agnes belaste ein geheimes Verbrechen,
das unsühnbar sei und deshalb von ihr verschwiegen
bliebe. Der fromme Beichtvater betheuerte, es sei kein
Fehl mehr an ihr, sie habe die Vergangenheit gebeich=
tet und gesühnt. Nur die Aebtissin wollte ihrem
Spürblicke ein Ziel setzen, das zu erreichen sich ihre
Klugheit getraute. Aber noch war Agnes aus allen
Prüfungen makellos an Worten und Thaten hervor=
gegangen, und die Abadessa hatte sie nach wie vor wie=
der liebgewinnen und ehren, wenn auch beargwöhnen
müssen.

Agnes wandelte den Bach entlang, der unter der
Klostermauer sich in den innern Raum drängte und
den Garten durchzog. Die Mauer war mit einem
Kreuzgewölbe darüber hingebaut, und so konnte der
kleine Strom sich ungehemmt ergießen. „Der Bach
ist wie das Leben," sagte die bleiche Nonne und blickte
sinnend in den flüchtigen Wellentanz. „Auch von den
schwarzen steilen Klostermauern läßt sich das Leben nicht

zurückhalten, es zieht mit uns auch in die düstre Klause des einsamen Gebetes. Alle meine Schwestern hangen noch irgend wie durch einen Wunsch mit dem Dasein zusammen; es läßt sich das Leben doch nicht ganz abtödten. Das Leben stiehlt sich wie der Bach in unsere Seele, wenn wir gegen seinen offnen Andrang eine Scheidewand ziehen. Nur wer aus dem Leben das Kloster schon mitbringt, wie ich, der findet hier das Kloster. Ich hatte, schon eh' ich den Schleier nahm, kein Leid und keine Lust, ich wußte kaum um mein Dasein, als ich es aufgab. Von der Welt schied ich, weil sie mir nichts bot, aber auch das fromme Hinsterben in Sack und Asche hat für mich keinen Reiz."

Agnes glaubte sich allein; der Arm, der sich jetzt um ihren Nacken legte, überzeugte sie eines Andern. Die Aebtissin war ihr gefolgt, und als sich Agnes zu ihr wandte, küßte sie ihr die schöne weiße Stirn. „Mögen Dich die Heiligen erquicken und Dir den Trübsinn aus dem Herzen scheuchen!" sagte die gute Mutter und legte die Hand auf ihr Haupt. „Ich wollte Du hättest statt der stillen Trauer, die keinen Grund kennt und eben deshalb grundlos tief ist, irgend eine Sünde auf Deinem Herzen, die Du bereuen und sühnen könntest. Es würde Dir besser sein, als die verzehrende Traurigkeit, die doch nicht die wahre Ruhe ist."

„Wer kann ruhiger sein, als ich und mein Herz?" sagte Agnes still vor sich hin.

„Die wahre Ruhe," sagte die Abadessa, „ist nicht dies stille Hinsiechen, die wahre Ruhe beseligt, denn sie ist der Friede des Herrn, sie ist der Lohn für die getreue Pflichterfüllung."

„Pflichterfüllung?" wiederholte Agnes, „ich habe keine Pflichten."

„Wie?" lautete der Vorwurf. „So gering achtest Du den Altardienst? Und die Buße der Fastenzeit, die Kasteiung in der Zelle, die Stickerei an der Altardecke, die Weberei für die Kapelle der heiligen Antonia, die Fußwaschung der Armen — das Alles hältst Du für keine gottgefällige Pflichten? Ist das der Grund, daß die Heiligen Dich nicht segnen, trotz aller Buße, die Du übst? Ist diese Mißachtung der Ge=

lübde die Sünde, die Dich belastet? Der Dienst des Herrn ist Dir keine Pflicht?"

"Geschieht der heiligen Antonia ein Gefallen damit, daß wir ihr die Decke weben," sagte Agnes ruhig, "so mag es für eine schöne Pflicht gelten. Aber die Heilige lächelt wohl zu diesem Dienste, denn wir dienen nur uns selbst damit. Eine Pflicht nenne ich nur einen Dienst zum Nutzen eines Andern. Die Heiligen mögen sich freuen über uns, aber wir nützen ihnen nicht. Ach! ich hatte einst große Pflichten, als ich in der Welt war. Aber da ich sie nicht erfüllen konnte, verließ ich die Welt und suchte die Stille des Klosters."

"Und so hast Du doch wohl noch Deine Wünsche draußen in der sündhaften Welt, und Dein Herz ist nicht ganz gewassnet gegen die Kunde, die ich Dir bringe?"

"Ich habe abgeschlossen mit Allem, redet, gute Mutter."

"Marquis Agostinho ist gestorben."

"Die Heiligen wollen ihm gnädig sein," sagte Agnes ruhig. "Man hatte ihn mir zum Gatten gegeben.

Liebe brachte er mir nicht, somit konnte er auch keine fordern; ich bin mir keiner Schuld gegen ihn bewußt, meine Rechnung mit ihm war längst fertig."

"Der Gram um seine Söhne hat ihn ins Grab gebracht. Den einen von Beiden soll eine geheime Liebe verzehrt, den Andern eine Leidenschaft zu demselben weiblichen Wesen wahnsinnig gemacht haben. Das hat an dem Leben des Alten genagt, und so starb er langsam hin."

Die Aebtissin sprach die Worte mit lauschenden Blicken; es galt, die Klosterschwester zu prüfen.

Sie hatten den dunkeln Laubgang verlassen und standen am kühlen Marmorrande des Bassins. Agnes starrte in die silberne Fluth, in deren Spiegel der Mond sein Angesicht wiegte. "Und das Alles mußte ich verursachen und bin doch ohne Schuld!" flüsterte sie still vor sich hin und der Hauch ihrer Lippen zitterte im leisen Abendwinde.

"Ohne Schuld?" fragte die Aebtissin ungläubig.

"Ja, gute Mutter, ich trieb sie alle in den Tod, und bin doch schuldlos an ihrer Vernichtung. Wollt

Ihr die Geschichte meines Lebens hören? — es ist die
Geschichte der menschlichen Ohnmacht. Ich war noch
nicht funfzehn Jahr alt, als mich ein Jüngling liebte.
Ich wußte nicht, was Gegenliebe sei, aber ich gefiel mir
in seiner wohlthuenden Nähe, ich duldete seine Schwüre
und seine Zärtlichkeiten, denn er war sanft und gut,
wie das Lamm der Mutter Gottes. Daß er auch ein
Held sein könne, den seine treue Liebe in den Tod ge=
jagt, erfuhr ich später erst. Ich war das willenlose
Werkzeug für die Pläne meiner Familie. Wir waren
verarmt und hatten von unsern Vorfahren nur den
Stolz geerbt. Der Marquis Agostinho bot meiner
Familie für meine Hand den Genuß seiner Schätze.
Ich ward an ihn verkauft und fügte mich, denn ich
hatte keine Ahnung von den Rechten eines eigenen
Willens. Luzio bestürmte mich mit Thränen und Bit=
ten, ihm treu zu sein. Aber Luzio war ein armer
Jüngling. Er verließ die Vaterstadt, er nahm Dienste
in der spanischen Armee, sein Tod war die erste Nach=
richt vom Feldzuge gegen die Barbaresken. Dies folgte
sich so schnell, daß ich erbebte. Ich hatte nicht gewußt,

was Liebe war: jetzt erfuhr ichs, der brennende Schmerz der Seele, die verzehrende reuige Sehnsucht, das war meine Liebe. Und Luzio war todt, erst sterben hatte er müssen, eh' ich ihn liebte, nun gehörte einem Todten meine Liebe und mein Leben. Agostinho war ein Fünfziger, er forderte nicht, was ich ihm versagt hätte, er wollte nur meinen Umgang, Stützen seines Hauses waren schon da in den beiden Söhnen erster Ehe. Beide waren abwesend, ich kannte sie nicht. Luis studirte zu Coimbra, Gonzaga war in einer entfernten Provinz bei der Armee. Jener, der Jüngere, machte uns bald seinen Besuch. Dom Luis war ein stiller, menschenscheuer Jüngling. Sein Sinn war ganz auf die Wissenschaften gerichtet, sein Gemüth rein und unbefleckt. Wir lasen zusammen die Dichter unsers Volkes, und in diesem Verkehr ward uns Beiden recht wohl; ich sollte seine Mutter sein, und lernte ihn lieben wie einen Bruder. Er war so sanft und hold, und in seiner Nähe vergaß ich den Schmerz der verlornen Liebe. Aber in ihm erwachte bald eine Neigung anderer Art, die sich anfangs in einem Hasse gegen seinen Vater

verrieth. Auch gegen seine Umgebung machte er Lau-
nen geltend, die ihm sonst fremd gewesen. Er wurde
jähzornig, wenn man ihm widersprach, grausam gegen
seine Diener, undankbar gegen seinen Vater, treulos gegen seine Freunde. So kündigte sich eine glühende
Leidenschaft in Luis an, deren Gegenstand ich selber,
ich, seine Mutter, war. Es war eine schwere Stunde,
als er weinend zu meinen Füßen lag, und der ganze
Schmerz seines Unglücks sich wie ein Feuerstrom über
seine zitternde Lippe ergoß. Es war ein schwüler Ge-
witterabend meines Lebens. Ich strafte ihn mit Worten des Ernstes, und mein Herz war doch von milder
Liebe bewegt, die Pfeile der Vorwürfe, die ich ihm
machte, stumpfte mein Mitleid ab. Konnte ich doch
ahnen, was es zu sagen habe, zu lieben, wo man nicht
lieben sollte, oder nicht mehr zu lieben vermag! Wir
saßen Beide in Thränen aufgelöst, und wußten nicht
mehr, was Schmerz war in unsern Gefühlen, und was
Freude. Aber wir sprachen seitdem kein Wort mehr
mit einander. War doch das Geheimste, Unsagbarste
laut geworden: was sollten wir uns noch sagen? Hatte

die Menschenwelt doch keinen Raum für unsere Ge-
fühlswelt. An diesem Fluche zerbrechen die edelsten
Herzen oder verbluten sich langsam, und tragen mitten
im lebendigen Leben ihren Tod mit sich umher. —
Dom Luis war ein edler Mensch, obwol er seine Mut=
ter sträflich liebte. Was mich zu seiner Mutter ge=
macht hatte, war die Thorheit der Welt; aber er wagte
es nicht, die Scheu vor einer geheiligten Thorheit ab=
zuwerfen. Er verhielt sich still und trug seinen Gram
allein. Und doch mußte ich einen neuen Ausbruch sei=
ner Leidenschaft fürchten, ich mußte auf seine Entfer=
nung sinnen, ohne daß ich den Haß seines Vaters ge=
gen ihn reizte. Wir lebten ziemlich getrennt, wir sahen
uns selten. Luis vertiefte sich in seine Studien, Kränk=
lichkeit und Abneigung hielten ihn von jeder Zerstreuung
zurück. Ich saß für mich und vollendete ein Familien=
bild, das ich begonnen. Der Marquis hatte den
Wunsch, sich im Bilde an meiner Seite zu sehen.
Jetzt malte ich den Sohn dazu, ganz wie er war, mit
der sanften blassen Miene des Kummers, aber nicht auf
mich den Blick gerichtet, sondern auf das Crucifix, das

ich in Händen hielt und ihm reichte. Um seine Gestalt
hüllte ich das Kleid eines Carmelitermönchs. So wollte
ich seine Leidenschaft, seine Liebe und seinen Schmerz
verklären. Es ist ein hergebrachter Glaube, daß wir
in frommer Bußübung den Frieden finden, den uns die
Welt nicht gibt; es ist eine gutgemeinte Vorstellung,
wir haben sie geerbt von unsern Vorfahren; darum
malte ich Dom Luis in dieser Klostertracht. Eines
Morgens wurde ich bei meiner Arbeit überrascht. Ich
höre eilige Tritte und springe hinter die Gardine. Dom
Luis tritt ein; ich hatte ihn seit einigen Tagen nicht
gesehen. Eine sichtliche Aufregung lag in seinen Mie-
nen, eine verzweifelte Hast in seinen Geberden. Er
blickte wild im Zimmer umher, er schien mich zu suchen, eine Entschlossenheit — vielleicht unheilbringender
Art — malte sich in seinen Blicken; sein Auge war
verworren wie sein Gemüth. Da blieb sein Auge auf
dem Bilde haften. Hier stand sein Gericht geschrieben,
und es überkam ihn wie eine Mahnung des Himmels.
Sein Blick wurzelte in seiner Gestalt auf der Leinwand. Er war zum Beten verdammt, von der, die er

liebte, dazu verdammt. Das lähmte seinen Muth,
seine wilde Aufgeregtheit wandelte sich in eine verzagte
Angst, und ein Thränenstrom überfluthete sein zittern=
des Angesicht. Er warf sich vor dem Bilde nieder, er
wollte sich zum Gebete zwingen, aber die Hände moch=
ten sich nicht halten, sie versagten ihren Dienst, wie die
Stirn, gegen die er sie schlug, wie das Herz, an das
er krampfhaft griff. Dann lehnte er matt den Kopf
an meinen Sessel, ich hörte das Schluchzen seiner
Thränen verstummen. Jetzt wollte ich hervortreten,
ich wollte, ich mußte ein Wort des Trostes, der Be=
ruhigung sagen, war mir gleich die Seele schwer um=
dunkelt. Da raffte er sich auf; ein neues Leben war
in ihn zurückgekehrt. Er blickte rasch im Zimmer um=
her. Hier lag ein Tuch, eine Schleife, ein Halsge=
schmeide von mir, — er steckte es rasch zu sich in den
Busen. Dann stand er wieder vor dem Bilde und hob
die Hand auf wie zum Schwure. Rückwärts bewegte
er sich dann zur Thür, das Auge wurde matt, es starb
im Anblicke des Bildes, ich sah es erlöschen mit seinem
schimmernden Glanze. Ich trat vor und streckte meine

Hand nach ihm aus. „Dom Luis, sei mein Freund!"
wollte ich sagen und ihn rufen, aber das Wort blieb
todt auf meiner Lippe. Er sah mich auf ihn zugehen,
aber er kam nicht zurück, und bewegte sich langsam und
rückwärts gewandt der Thür zu. Sein Angesicht, mit
dem er schied, war todtenblaß. Er steht noch vor mir,
so bleich und so glanzlos, wie das Mondbild hier vor
uns in der zitternden Fluth. — Dom Luis verließ
plötzlich das väterliche Haus; er wurde Carmeliter.
Man hörte bald von seiner Frömmigkeit, von seinen
strengen Bußen und Fasten; bald hörte man von seinem
Tode. Die Leute sagten, er sei wie ein Heiliger ge=
storben, seine Seufzer hätten dem Himmel gegolten, —
ich wußte das besser, ich, seine Mutter, die ihm den
Tod gegeben. Er war nicht der Erste, den ich in den
Tod getrieben, als Lohn für seine Liebe zu mir."

Agnes schwieg und blickte starr, wie ein schönes
Marmorbild, in die kühle Welle, die vor ihr hüpfte.
Dann flog eine zitternde Hast durch ihre Adern, sie bog
sich matt auf den Rand des Bassins und lehnte ihre
bleiche Stirn an den kalten Stein.

„Das blutende Herz der Mutter Gottes iſt aller=
barmend!" ſagte die Aebtiſſin und legte ſegnend die
Hand auf das Haupt der Dulderin. „Die Heiligen
werden Dich tröſten, armes Kind, denn es iſt keine
Schuld an Dir."

Agnes erhob ſich und blickte der Aebtiſſin feſt ins
Angeſicht. „Das iſt eben der Fluch," ſagte ſie mit
feierlichem Ernſte, „der bitterſte Fluch meines Lebens,
daß ich nichts zu büßen, nichts abzuwaſchen habe aus
meinem Herzen! Glücklicher ſind die Sünder dieſer
Welt, die Reue iſt ſüß, und der Gott nie unverſöhn=
lich. Was aber hätte ich zu bereuen? Welche Schuld
liegt auf meinem Gewiſſen? Iſt denn nicht alles in
Ordnung zugegangen, was ſo die Welt Ordnung nennt?
Dieſe Ordnung iſt ein Moloch, dem wir unſere ſüßeſten
Wünſche, die heiligſten Regungen der Natur opfern.
Vielleicht richtet der Gott jenſeits anders, vielleicht ſagt
er: O, du Thörin, du blödes Weib, warum haſt du
den Satzungen der Welt ſo koſtbare Opfer gebracht! —
Menſchen können mich nicht richten; iſt doch dieſe Ord=
nung ihr Machwerk, ihr Götze."

„Du sprichst irre, gutes Kind," sagte die Abadessa und schüttelte das greise Haupt. Agnes hüllte sich in den Schleier, beugte das Haupt und ging.

Die Aebtissin folgte ihr und sie wandelten langsam durch die dunkeln Orangen dem Kloster zu.

„Die Geschichte Deines Lebens," hob die fromme Mutter an, ist noch nicht zur Ende. Marquis Ago= stinho hatte einen zweiten Sohn. Schütte Deinen Gram in mein theilnehmendes Herz und es wird Dir wohl thun. Ich bin verschwiegen, gutes Kind, sprich Dich ganz aus. Nur die heilige Antonia hört außer mir Deine Worte."

„Ich brauche nicht geheim zu thun mit meinem Schicksale," sagte Agnes mit lauter Stimme. „Viel= mehr möchte ich's in die weite Welt ausschreien, daß die Felsen erdebten und die blöde Hirnschale des Men= schen erzitterte. Hört es, Kinder dieser Welt, fühlt es, ihr todten Steine! ich that alles, alles, was, wie die Menschen sagen, Gott gebeut, ich habe den Gesetzen des Lebens gehuldigt wie Niemand, und bin doch die elendeste Creatur unter der Sonne. Ich that Alles,

was Gott befahl, denn Gott, sagen sie, verkündet sich
in dem Willen der Eltern, und das Kind gehorcht.
Gott, sagen sie, gebietet, dem Gatten zu dienen, und
ich diente ihm. Gott, sagen sie, besiehlt zu beten,
Nachts und Tages, den Leib zu kasteien und die Seele
zu martern mit allerlei Angst und Hirngespinnst. Gott,
sagen sie, heißt Dich in Sack und Asche einhergehen
und die Füße wund knien — und ich ging ins Kloster.
Ich that alles, alles, was, wie sie meinen, der Gott
uns anempsiehlt — ach! und ich bin doch ein elendes
Weib, gegen das die Thränen und das Blut Derer,
die sie geliebt, predigen werden, wenn der jenseitige
Gott dereinst anders richtet, als der Gott, den wir
hienieden anbeten."

Sie sank zusammen, ihre Kniee brachen. Die Aeb=
tissin hob sie auf die nahe Bank und hielt sie umfaßt.
„Mich dünkt, es sei Lästerung in Deinen Worten,"
sagte die alte Frau, „Kind, Kind, Deine Rede ist nicht
fromm und gut, oder ich verstehe sie nicht."

„Mir ist nicht krank," sagte Agnes mit matter
Stimme, „nicht kränker, als zuvor. Darum hört mich,

gute Mutter zu Ende, dann will ich still sein für im=
mer, wieder beten gehen, und niemals lästern. — Ich
muß Euch noch die Geschichte Gonzaga's erzählen, —
es ist nicht meine Geschichte, was ich Euch berichte,
— ich habe keine Geschichte, ich habe nichts gethan im
ganzen Laufe des Lebens, Niemand genützt, gefördert,
gerettet, keinem Herzen den Gram abgenommen, kei=
nem Auge die Thränen gestillt, kein zerknicktes Ge=
müth aufgerichtet, — das sind auch wohl Gebote eines
Gottes; aber sie sagen, das sei nicht unser Gott, der
das gebietet, unser Gott heiße die Herzen sich verbluten
lassen und ruhig dazu die Hände falten und beten.
Ich sage nicht Amen, denn ich weiß nicht, welches der
rechte Gott ist, der Gott des Herzens — oder der Gott
des Gesetzes. Schlichte das, wer kann! Ich will von
Gonzaga reden. Er ist der ältere Sohn des Marquis
Agostinho, dessen Weib ich war, weil es der Gott des
Gesetzes so wollte. Er diente in der Armee des Kö=
nigs. Bald nachdem uns Dom Luiz heimlich verlas=
sen, sprach er zum Besuche bei uns ein. Er wollte
seinen Vater begrüßen, seine neue Mutter kennen lernen.

Er war älter als Luis, ein stattlicher Sohn des Lagers, der Krieg hatte seine Gestalt gekräftigt, seine Wange gebräunt. Wir wußten damals noch nicht, wohin sich Luis gewendet haben mochte. Ich hatte meinem Gatten alles entdeckt, und der Marquis ließ nichts unversucht, den Aufenthaltsort des Unglücklichen zu entdecken. Ich zog Gonzaga ins Geheimniß; ich deutete ihm an, was seinen Bruder dazu vermacht haben könne, uns oder mich zu fliehen; meine Thränen waren mehr als meine Worte die Verrätherinnen meiner bangen Sorge. Gonzaga war ein guter Mensch, darum verstand er unser Verhältniß. Ach! er verstand es nur zu gut und zu tief, was es sagen wolle, in seiner Mutter mehr als die Mutter zu lieben, er verstand es mit so innigem Gefühl, daß er sich selbst in dies Unglück mit verlor. Er liebte seinen Bruder — und weil Dom Luis mich geliebt, erwachte auch zu mir eine Leidenschaft in seinem Innern, die sich bald genug verrieth. Gonzaga war heftigen Temperamentes. Er vermochte nicht, seine Gefühle wie Luis still beizusetzen in die Gruft seines Herzens. Er bestürmte mich mit der Gewalt

seiner Leidenschaft — ich erbebte vor dieser Wendung
der Dinge; einen Freund, einen Helfer hatte ich für
Luis und mich in ihm erhofft, und nun die wilde Verirrung, der zerreißende Schmerz — unser Unglück war
groß! Ich mußte ihn fliehen und Schutz suchen vor
dem Sohne bei dem Gatten. Aber Gonzaga kannte
kein Hinderniß, keine Gefahr. Er lag zu meinen Füßen, er wagte seine Hand um mich zu schlingen: als
der Marquis ins Zimmer stürmte und den Degen zückte
in aufgeregter Stimmung. Gonzaga zog das Schwert,
um sich zu schützen, ein Dämon der Hölle lag in seinen
flammenden Blicken. Da warf ich mich dem Sohne
um den Hals, ich bat, ich flehte, ich zerweinte mit dem
Strome der bittersten Thränen seinen Haß und seine
Leidenschaft. Er war zerknickt, vernichtet. Er legte
das Schwert zu den Füßen seines Vaters, er knieete
vor uns hin, er gelobte, mich nie wieder zu sehen, er
wolle gehen, seinen Bruder suchen, und mit ihm weinen oder sterben. Er ging und fand Dom Luis im
Kloster der Carmeliter. Bald hieß es, der König habe
ihn auf sein Gesuch des Dienstes entlassen; auch Gon-

zaga wurde Mönch. So fromm endet die Geschichte,
gute Mutter, nicht wahr, recht demüthig und gottselig?
Hab' ich nicht gut katholisch gehandelt? Wer will über
uns richten? — Gonzaga war Carmeliter wie sein Bru=
der. Er wollte gehen, um mit ihm zu weinen oder zu
sterben. Aber zum Weinen hatte er keine Thränen,
sein stolzes Herz war felsenhart. Zum Sterben hatte er
nun keinen Muth mehr, sonst wäre er wohl in die
Schlacht gezogen und hätte den Ehrentod gesucht. Er
saß bei dem kranken Bruder und pflegte ihn, denn Dom
Luis starb langsam hin. Er sehnte sich nach dem Him=
mel, sagten die Leute: wer will uns also richten? Will
der Gott uns verdammen, dessen Gesetze wir nicht über=
schritten? Nein, der Gott nicht; aber es gibt, ach!
es gibt noch einen andern Gott, der jenseits lachen wird
über die Thorheit der Menschen, und sagen: O,
ihr Kinder des Wahns, wie habt ihr Eurem Moloch
Alles opfern können! Sei ruhig, gute Mutter, ich
lästere nicht, ich sage nur: wer will uns richten? Wir
haben gelebt und sterben in dem Gotte, den man uns
predigt. Ich sage Amen über Luis' arme Seele. Er

starb und Gonzaga schlug verzweifelnd die Hände über
dem Todten zusammen. Er war nun so allein, er
konnte mit Niemand mehr von seiner Liebe reden. Aber
die Mutter Gottes war ihm doch gnädig; sie strich ihm
mit sanfter Hand über die Stirn und löschte auf der
Tafel seines Gedächtnisses alle scharfen Wundenstriche
fort; Gonzaga ist ein stiller, guter Mensch geworden,
sie sagen, er sei irre geworden, und so trägt er denn
sein Leid. Die Heiligen mögen es so mit ihm am
Besten gemacht haben, und die Heiligen sind ihm das
schuldig, denn er hat alles aus Frömmigkeit gelitten.
Daß er seine Mutter — seine junge Mutter liebte, das
gab ihm ein böses Schicksal ein, das wir nicht kennen,
das aber allgewaltig ist, und das wir wohl eine Gott=
heit nennen könnten, die wir fürchten und versöhnen
sollten. Aber er hat seiner Liebe entsagt, seinen Vater
nicht beleidigt, nicht verletzt, er hat alles gethan, was
das Gesetz verlangt. Wer will über ihn richten? —
Habt Ihr mir noch etwas zu sagen, fromme Mutter,
wollt Ihr mir eine Buße auferlegen? — Daß ich
Agostinho's Weib nicht länger sein mochte, war wohl

Kü   Charaktere I.

mehr seine, als meine Schuld. Er wurde düster gegen
mich und sich, er ließ mich allein und wir lebten getrennt. Da ging ich und nahm den Schleier. Sie
nennen mich die bleiche Agnes, sie sollten mich die
Mutter des Todes nennen; ich habe überall das Leben
um mich getödtet, aber nicht ich — sondern das Gesetz
der Welt. Meine Geschichte ist aus, fromme Mutter."

Agnes stand auf und trat aus der Schattenlaube.
Das Mondlicht küßte ihre weiße Stirn, der Nachtwind
spielte mit ihrem wehenden Schleier. So stand sie da
wie eine körperlose leuchtende Gestalt.

„Möchten die Heiligen Dir gnädig sein und Dich
vor Gonzaga's Loos bewahren!" sagte die fromme
Dummheit der Abadessa, die wieder zu ihr trat und
ihre Hand ergriff.

Ein Lächeln flog, wie ein Spott aus jener andern
Welt, über die bleichen Lippen der Nonne, in ihrem
Auge brannte ein tiefer, aber ruhiger Todesschmerz.

Die Abadessa ging mit ihr die Allee hinunter. Die
Nachtglocke läutete mit ihrem eintönigen Rufe. Die
frommen Schwestern waren schon in der Capelle zum

Nachtgebete versammelt. Dann ging man schlafen, um früh wieder aufzustehen im alten Wahne, dem Gott einen Gefallen zu thun mit Beten und Singen, während man sich selbst sicher glaubte vor den Freuden und den Thorheiten, den Schmerzen und den Pflichten des Lebens.

Nach einigen Tagen trug man eine Schwester zur Gruft; es war die bleiche Agnes.

II.

Die kleine weiſse Dame

auf

Newſtead=Abtei.

Washington Irving erzählt in den Miscellaneous
seine Besuche auf Abbotsford und Newstead=Abtei, den
Besitzungen der beiden schottischen Romantiker Englands,
Walter Scott's und Lord Byron's. Beide Wohnörter
tragen ein Gepräge von der Geistesstimmung ihrer
Besitzer, oder — soll man sagen — manche Tonweisen
in deren Gedichten klingen wie ein Lufthauch, wie ein
Echo in dem alten Gemäuer jener Burgen. So ist
der Mensch auch mit dem Besten, was er gibt, Pro=
duct der Scholle, die ihn trägt. Wenn ich vom Dich=
ter den Ort kenne, wo er saß und träumte, den Freund,
an dessen Zuspruch er sich geweidet, die Geliebte, über
die er gejubelt und geweint, — so kenne ich sein Tief=
stes, es steckt nichts Geheimes weiter in ihm. Der
Dichter ist nichts als ein Mensch, nur wachsartig oder
auch elastisch weicher als die Andern. —

Newstead=Abtei ist eins der schönsten Muster jener seltsamen und romantischen, halb burg=, halb kloster=artigen Gebäude, welche als Denkmäler des Alterthums in England noch übrig geblieben sind. Dazu liegt sie mitten in einer segenreichen Gegend, dem Mittelpunkte des sheerwooder Waldes und von den Schlupfwinkeln Robin Hoods und seiner geächteten Schaar umgeben, deren Ruhm in alten Balladen und Kindermährchen lebt. Der Wald existirt freilich fast nur noch dem Namen nach, und der Strich, über welchen er sich einst dunkel und einsam erstreckte, ist jetzt eine offene, freund=liche, durch Landsitze, Meiereien und Dörfer belebte Gegend. Die Abtei, welche vermuthlich einst die geist=liche Herrschaft über jene Gegend übte und das Seelen=heil der wilden Waldbewohner in Obacht nahm, war ursprünglich ein Mönchskloster und wurde in der letzten Hälfte des zwölften Jahrhunderts von Heinrich II. zu der Zeit gegründet, als er durch die Erbauung von Gotteshäusern und durch andere Beweise werkmäßiger Frömmigkeit die Ermordung Thomas Becket's abzu=büßen suchte. Sie wurde Gott und der Jungfrau ge=

weiht und mit Mönchen des Augustiner-Ordens be-
völkert. Zur Zeit der Aufhebung der Klöster, unter
der Regierung Heinrich's VIII., erfuhr auch Newstead
einen plötzlichen Glückswechsel, indem es nebst einer be-
nachbarten Herrschaft an Sir John Byron, den
Steward von Manchester und Oberaufseher des sheerwooder Waldes, geschenkt wurde. Dieser Ahnherr spielt
in den Traditionen der Abtei und in den vielen Gei-
stergeschichten, welchen sie das Dasein gegeben hat, unter dem Namen: „Sir John Byron der Kleine mit
dem großen Bart," eine bedeutende Rolle. Die Familie Byron wurde in der Folge in den Freiherrnstand
erhoben und lebte auf Newstead in stolzer Pracht. Um
die Mitte des vorigen Jahrhunderts war der Großonkel
des Dichters der Erbherr, ein Mann von leidenschaft-
licher, rachsüchtig düsterer Gemüthsart, den die ge-
schwätzige Chronik der Abtei mit dem Namen des
„bösen Lord's" bezeichnet.

Hier war es, wo Byron das Gefühl der Verein-
samung wie ein Gift in seine Seele zog; es war der
einzige Ort auf der Welt, wo er sich heimisch wußte,

weil die Umgebung mit seiner Stimmung harmonirte.
Von der Zinne des Thurms konnte er hinüberschauen
nach Annesley=Hall, wo die ihn nicht liebende Geliebte,
Miß Mary Chaworth, wohnte; in dem schaurigen
Walddunkel standen die seltsamen Steinfiguren, deren
Errichtung dem Lord unter den Landleuten den Ruf
der Tollheit zuzog. An den Wänden der Abtei hingen·
manche Denkmale der Barbarei der Vorzeit, an den
Dielen klebten die Blutmahle der launischen Tollwuth
der Ahnherrn, und manches Herz hatte sich über den
Klosterwahn des Jahrhunderts in den einsamen Zellen
hier zu Tode geweint. Und der Fluch, der an der
Schwelle haftete, war noch immer mächtig. Der Dich=
ter, der unter diesen Denkmalen saß, litt eben so sehr
vom Wahne und von der Barbarei seiner Zeit. War
er doch von der Gesellschaft ausgestoßen, hatten ihn die·
Vorurtheile seines Standes doch hundertfach ans Kreuz
geschlagen.

Und mit Lord Byron's Tode war das Irrsal, das
sich über die Menschen auf Newstead=Abtei häufte,
nicht zu Ende. — Noch bei Lebzeiten des Dichters,

war die Besitzung käuflich in die Hände des Obersten
Wildman gekommen. Dieser Mann war dem Sänger
des „Childe Harold" in der Jugend nahe gewesen, er
ehrte Byron's Liebhabereien und wollte sie als Alter=
thümlichkeiten in Newstead=Abtei aufbewahren. Ein
abendlicher Spaziergang durch den Mönchsgarten ließ
ihn ein Abenteuer erleben. Eine weiße kleine Frauen=
gestalt stieg zwischen Ruinen und dunkelem Buschwerk
vor ihm auf und verschwebte, eine Undine, leicht und
sylphenhaft in der dämmernden Ferne. Es war „die
kleine weiße Dame," wie man das Mädchen in der
Gegend nannte. Sie bewohnte das Eckstübchen einer
versteckten Meierei. Menschenscheu und schweigsam,
wie sie war, kam sie nur mit den Schatten der Nacht
aus ihrer Zelle und hielt wie ein irrer Geist ihren Um=
zug durch die Pfade, die von Byron's Andenken an=
gefüllt waren. Sie sprach mit Niemand, duldete Nie=
mand um sich, nur „Boatswain," Byron's großer
neufoundländischer Hund, der auf der Abtei zurückge=
blieben, war ihr Begleiter, ihr einziger lebendiger
Freund. Sonst lagen ihre Liebe, ihr Sinnen und

Trachten im Grabe. Stundenlang saß sie oft unter dem Baume, in deſſen Rinde der Dichter ſeinen Namen eingegraben, oder kniete weinend am Fuße des Denkmals, das er zwiſchen den Ruinen der Capelle hatte errichten laſſen. Dieſer Denkſtein ſchien ihr Altar zu ſein. Bald las, bald ſchrieb ſie mit einem Stifte auf einer kleinen Tafel, die ſie bei ſich trug, im Scheine des Mondlichts, meiſtens aber ſaß ſie in ſtilles Brüten zuſammengeſunken. Ihr Anzug war ſtets der nämliche; ein weißes Kleid mit einem ſchwarzen Spenzer und ein weißer Hut mit einem kurzen Schleier, welcher den obern Theil ihres Geſichts verbarg. Es war eine kleine, nervenleiſe, zerbrechliche Geſtalt, ſchon über die Blüthe des Lebens hinaus. Die Leute auf der Abtei gewöhnten ſich allmählig an ihr Weſen und ließen ſie ſtill gewähren. Die Scheu vor ihr verſchwand, als man erfuhr, ſie ſei taubſtumm. Manche aber ſagten, ihr Verſtand ſei zerrüttet.

Und ſo ſchien es faſt. Eine verzehrende Leidenſchaft zu Byron, nicht zu ihm, dem Lord, dem Manne, der lebendigen Perſon, eine Leidenſchaft zu ihm als Dichter

hatte diese weltvergessende Einsamkeitslust in dem Mäd=
chen erzeugt. Diese romantische Bethörung war durch=
aus geistiger und idealer Art, denn die Schwärmerin
hatte, wie sie in einer ihrer Rhapsodien selbst versichert,
den Lord niemals gesehen: er war für sie nur eine aus
Schaume der poetischen Entzückung aufgestiegene Gestalt
ihres Sinnens und Denkens. Dazu war sie aber bei
der äußersten Reizbarkeit des Gemüthes in körperlicher
Hinsicht höchst beklagenswerth. Sie war nicht taub=
stumm geboren, aber hatte in einer Krankheit das Ge=
hör und auch die Fähigkeit deutlicher Artikulation ein=
gebüßt. Sie war wie ein aus der Gesellschaft ausge=
stoßenes Wesen. Ihr Name war Sophie Hyatt. Als
Tochter eines Buchhändlers in einer Landstadt geboren,
hatte sie vor Jahren schon ihre Eltern verloren. Ihr
Bruder wurde ihre einzige Stütze, ein kleines Jahrge=
halt blieb ihr von diesem eine Zeit lang ausgesetzt.
Bald aber siedelte sich derselbe mit seiner Familie nach
America über und ließ sie allein unter den Felsenherzen
Altenglands. Mit dem Tode des Bruders hörte die
Auszahlung des Jahrgeldes auf, ein weitläufiger Ver=

wandter, der noch einzige Angehörige ihrer Familie,
ließ ihr endlich aus einem Gefühle des Stolzes, sie
nicht unter die Zahl der Kirchspielsarmen aufnehmen
zu lassen, eine kärgliche Unterstützung zukommen. So
von den Bedingungen eines Daseins beinahe gelöst, mit
krankem, hinfälligem Körper, leiblich unfähig, in der
Gesellschaft eine Stelle geltend zu machen, und bei alle
dem die verzehrende Melancholie, womit sie Byron's
dämonische Dichtungen liebte, wie eine tödtliche Krank=
heit im Herzen, mochte sie die Symptome einer Ge=
hirnverwirrung deutlich genug verrathen und im Ge=
fühle einer herrannahenden Umdunkelung der Seele doch
nicht loslassen von der verliebten Schwärmerei ihrer
Phantasie, die mit Byron's Verzweiflungslust lieb=
äugelte.

Das ist „die kleine weiße Dame" im Mönchsgar=
ten auf Newstead=Abtei, von der Washington Irving
mit der ihm eigenen Harmlosigkeit und materiellen
Treue alle Einzelnheiten ihres Mißgeschicks gutmüthig
einfach erzählt. Oberst Wildman hielt es für eine
heilige Sache der Pietät gegen den verstorbenen Dich=

ter, sich des an seinen Gedanken und Gefühlen verun=
glückten Mädchens anzunehmen. Auch Mistreß Wild=
man zog sie möglichst in ihre Nähe. An diese Wohl=
thäter schrieb sie Briefe voll der rührendsten Ergebung.
Sie spricht auch oft darin mit banger Furcht von dem
Herannahen einer Geistesirre, die sie Monomanie nannte.
Es gibt eine Art Wahnsinn aus Einsamkeitslust. — Das
Geschick der kleinen Sophie endete ein plötzlicher Tod.
Verhältnisse machten ihre Entfernung nach London nö=
thig, sie hoffte dort das Testament ihres Bruders er=
öffnen zu können, und verließ Newstead=Abtei, wo sie
viele Jahre einsam verbrütet hatte. In Begleitung
einer Pächtersfrau kam sie bis Nottingham. Schon
im Begriffe, sich nach dem Postgebäude zu begeben,
geräth sie unter die Deichsel eines Wagens, die Pferde
treten sie zu Boden. Der Zuruf des Kutschers war
vergeblich gewesen; die kleine Sophie war ja taub. Sie
starb ohne Seufzer. Ihre Gedichte, von denen Wa=
shington Irving einige in seine Erzählung einstreut,
athmen ganz in Byron's Todesschmerzen.

III.

Die arme Maria.

In den Papieren, die zu den Documenten von Jean Pauls Leben gehören, finden sich einige recht thränenfeuchte Blätter. Ich meine die Briefe jener Maria *), deren Liebe zu Jean Paul sich bis in den Tod aus freier Wahl verirrte, deren glühendes Schmerzgefühl für den Dichter sich nur in den Wellen zu kühlen wußte. Und diese Selbstvernichtung aus überschwänglicher Neigung mußte sich gerade in die Lebenskreise des tugendhaftesten aller Dichter drängen, gerade der reinste, sinnlichkeitsloseste aller Poeten mußte eine begehrliche Liebesflamme erwecken, die eine harmlose Mädchenseele zum Eigenmord trieb. Maria hatte den Schöpfer ihrer

---

*) Der Vermuthung nach war Maria eine Tochter oder Enkelin jenes Forster, der in Paris unter der Guillotine starb.

Träume, das Ziel ihrer weiblichen Wünsche, den Gott ihres innern Lebens nie gesehen. In seinen Werken betete sie ihn an und sog aus den süßen Schwelgereien mit seinen Gedanken, aus der keuschesten Entzückung über seinen Genius, die leibliche Begier, sein eigen zu sein, um als sinnlich begabtes Weib zu ergänzen, was der körperlosen Psyche der Jeanpaulschen Muse fehlt. Maria war ein echt menschliches, echt weibliches Wesen, kein Offian'sches Nebelgespinnst, wie Jean Paul's Liane, sie war nicht blos der Duft der Blume, auch nicht blos ihr äußerlich prangendes, eitles Farbenspiel, sie fühlte sich auch als den Kelch der Blume, aus dessen Schooße sich doch alles erzeugt. Eine Liebe, die blos Geist sein will, wäre eine Blume, die bloß Duft sein möchte. Ihr verschließen sich bald die Poren der erzeugenden Kraft, ihr verwelken bald die frischgrünen Zweige der heitern Sinnenwelt, und der sonst milde Gott, der Leib und Seele zu süßer Eintracht schuf, blickt mit zürnender Miene auf diesen eigensinnigen Zwiespalt der Creatur, die ihren von Natur gesetzten Frieden aufhebt. Die Natur ist nicht das vom

Geist Abgefallene, der Leib' nicht das Verworfene. Nur
wo' die Entzweiung von Leib und Seele sich verfestet,
und jeder Theil des ganzen völlen Menschen sich seine
schwelgerischen Freuden für sich sucht, da steckt Mephisto=
pheles sein lächelndes Angesicht durch den Nebel der
verworrenen Menschenwelt und streut rechts und links
seine Saat wie Feuerfunken in die aufgerissene Furche.
In Maria wollte sich ein weidliches Wesen mit seinem
ungetheilten Reichthum an Leib und Seele entfalten.
Nur der Starke erliegt, wo sich ein ganzer Mensch ins
verzerrte Leben drängt. Der Schwache kann' sich fügen,
einen Theil von sich Preis geben, um' mit der andern
Hälfte zu vegetiren. Der Starke will nichts von sich
wissen, er kann nur sich selbst, sein volles Dasein auf=
geben, wenn seine Ganzheit nicht Raum gewinnt auf
der engen Scholle, die sich ihm unter den Füßen nicht
weiter dehnen will. Mariens Geschichte ist eine furcht=
bare Rache, die die zurückgedrängte Leiblichkeit gegen
den Geist ausübte. In ihren Briefen an Jean Paul
scheint Maria Anfangs ganz Seele, ganz trunken von
dem Aether einer keuschen Entzückung, die sich der kör=

perlichen Hülle so ungestraft, wie es Jean Paul's mondscheinduftige Poesie gebietet, entwinden zu können wähnt. Aber allmählig laufen irre Funken der Begier durch dies Zwielicht voll betäubender Aetheressenzen. Kleine mädchenhafte Wünsche, harmlos wie Genien flatternd, weiß in Unschuld gekleidet, sind die stillen Vorboten einer aufglühenden Leidenschaft, wie oftmals fliegende Wölkchen vor dem Gewittersturme hertanzen. Sie warf sich Anfangs an sein weiches Dichterherz, er erschien ihr als Lehrer, als Vater. Aber in der steigenden Trunkenheit, die der trauliche Verkehr mit Jean Paul's Phantasiegebilden erzeugt, verräth sich leicht ein leiser Nervenkitzel. Nun will sie, da sie einmal Kind zu ihm sein darf, ein sichtbares Zeichen als Gewährniß seines wirklichen Daseins, sie bittet um ein Band, einen Knopf — endlich um eine Locke seines Haares. Maria war Jean Paul's Bettina. Nur daß sie nicht eitel genug war, sich in ihrem Wesen, wie jene, zu gefallen; sonst wäre sie Kind geblieben, hätte mit der Kindlichkeit noch schön gethan, wie jene, selbst wenn die Kindheitslaune längst verbraucht und abgenutzt. und der

Gegenstand ihrer Anbetung sein Antlitz von ihr gewen=
det. Maria war das zur Jungfrau plötzlich erwachende
Kind Jean Pauls. Sie zerbricht die keine Ruthe,
die er mit schonender Milde ihr zu winden Miene
macht, sie zerreißt das Nebelgespinnst prüder Empfind=
samkeit, das sich mit Jean Paul's Dichtungen in ihr
Herz genistet, sie will nicht mehr schwelgen in seinen
Gedanken, sich nicht mehr wiegen in seinen Gefühlen,
sie hat ihn ausgelesen, zu Ende studirt, und seine Phan=
tasien erscheinen ihr jetzt nur wie eine Vorschule zur
Liebe. Sie will ihn sehen von Angesicht zu Angesicht,
sie entschließt sich zu einer Reise nach Baireuth, sie will
ihn sehen und haben, ihn, den ganzen Menschen, den
Mann, der mit seinen süßen Worten ihr wider Willen
das Herz geraubt, sie will ihm ins Auge sagen, wie
grausam die Liebe sei, die er entzündet, weil er die
Liebe ohne Leiblichkeit geschildert, sie will an seinem
Busen sich ausweinen, an seinen Lippen, in seinen Ar=
men finden, was seine Poesie nicht giebt und nicht zu
geben vermag. Sie will kommen, um ihm zu dienen,
kommen und ihm die Füße waschen, seine Stube fegen,

seine Magd sein, — um nur Theil zu haben an der Leiblichkeit des Geliebten. Der keusche Vater Richter erschrickt vor dem sinnlichen Dämon, der aus der Seele des Mädchens redet. Er beginnt zu vermahnen, sie auf ihre eigenen Kreise der Häuslichkeit zu verweisen, um sich dort ein Genüge zu schaffen. Maria hat Mutter und Schwester um sich; sonst steht sie abgeschnitten vom Leben. Ihre Welt ist zu eng für ihre weitgedehnte Seele, ihr Gemüth hat sich schon zu tief eingetaucht in die Sehnsuchtswogen, auf denen die Muse ihres Dichters sie schaukelt, sie bedarf eines männlichen Herzens, an das sie sich werfen, einer Gestalt, an die sie sich schmiegen kann. O, ihr Dichter, malt doch die Liebe nicht ohne Leiblichkeit! Zeichnet Menschenbilder in begrenzter, wirklich vorhandener Form! Der Körper giebt dem Geist sein Maaß und zugleich seine Befriedigung. Wie thöricht ist die tugendhaft sein wollende Welt, die da wähnt, der prüde Jean Paul habe nie damit Unheil angerichtet, daß er in seinen Poesien den Leib wegwirft und den abgelösten Geist auf den Wellen der Gefühle einherschwimmen läßt!

Jean Paul erschrak vor den Gelüsten einer aufsteigenden Sinnlichkeit in Mariens Gemüth. Er schildert sich ihr jetzt als einen betagten Mann mit altersgrauem Haar, an dessen Locke sie keinen Gefallen haben könne, er spricht in seinen Gegenbriefen absichtlich viel von seiner Frau, von seinen Kindern. Maria erbebt nun selbst vor der unverhohlenen Sprache ihres verrätherisch offenen Herzens. Die glühende Scham wandelt sich plötzlich in einen tödtlichen Haß gegen sich selbst, und sie beschließt, freiwillig zu enden. Jean Paul fordert sie jetzt auf, zu ihm zu kommen, was er früher abgelehnt; er wünscht, sie möge ihn sehen in seiner Häuslichkeit, wie er ein ganz gewöhnlicher deutscher Mann sei, der früh Morgens seinen Schlafrock anhabe und mit der Nachtmütze auf dem Haupte ein ganz bürgerlich solides Wesen sei, das bei der Caffeetasse auch von Gevattergeschichten zu schwatzen wisse. Maria kann nicht zum Humor über sich selbst und ihr verliebtes Herz kommen; dazu fehlt ihr jeder Ton in der Stimmung der Seele. So kommt sie mit ihrem sehnsüchtigen Wesen nicht über sich selbst hinaus, sie kann sich

nur der Welt entziehen, der sie es nicht glaublich zu
machen weiß, daß ihre sinnliche Regung so rein gewe=
sen, wie der Schnee des Gebirges. Der überschweng=
lich geistige Nervenreiz der Jeanpaul'schen Sentimen=
talität hatte das zurückgedrängte Element der Leiblich=
keit urplötzlich aufwogen lassen, und nun stand sie ge=
zeichnet da, wie sie meinte, vor aller Welt, ein Stand=
bild des Spottes. Ihr Dichter hatte für sich Humor
genug, um ein Leben voll ärmlicher Wirklichkeit mit
der verschwimmenden Sphärenmusik seines verzückten
Dichtergefühls im Gleichgewicht zu halten. Ein weib=
liches schwärmendes Herz vermag das nicht, es zerbricht
lieber. Ein weibliches Herz ist ein zärtliches und ein
zaghaftes Ding. Maria hielt sich für verrathen und
verloren. Sie mußte ihr schamglühendes Antlitz vor
dem Lichte des Tages verhüllen, und sie nahm dazu
ein Todtenkleid; sie wollte die Flamme der Leidenschaft
aus ihrem Busen waschen und sie stürzte sich in die
Fluth. Lange hatte sie den Entschluß noch zurückge=
halten; ihrer Schwester, die ihren Plan entdeckte, hatte
sie gelobt, die kranke Mutter durch ihren Tod nicht zu

tödten. Die Mutter stirbt, und nun hält Maria sich aller Pflicht auf dieser Welt für entbunden, sie wirft sich von der steilen Brücke hinab, die Mühlräder erfassen bald den zarten Leib und schleudern ihn in den kreisenden Strudel. Halb entseelt holt man sie heraus und versucht die Rettungsmittel; aber sie lehnt mit weisem Lächeln die Hülfe ab, sie drückt das verschluckte Wasser gewaltsam zurück und endet mit einer spartanischen Kraft der Seele. Das Weib ist in seiner Schwäche oft riesenstark. Das ist eine bitterböse Wahrheit und eine schrecklich wahre Geschichte von der armen Maria.

IV.

Bettina.

In Bettinens Briefen und Tagebuchblättern hat ein seltsames Mädchenherz der Welt sein süßestes Geheimniß offenbart. Wofür der keusche Mond nicht keusch genug schien, das bleiche Sternenlicht nicht jungfräulich rein und die Stille der Nacht nicht vestalisch verschwiegen genug, das wird hier der Welt verrathen und zur Schau gestellt. Mögt ihr die Schuhe abziehen, Kinder der Gewohnheit, wenn ihr hier wandeln wollt. Wo eine sinnige Jungfrau ihre tiefste Liebe geliebt, wo das Käthchen unsers Jahrhunderts, um die Formen des Lebens unbekümmert, ihrem hohen Herrn ihr ganzes Selbst gewidmet, wo in aller Keuschheit der reinsten Entzückung die Thränen der Wollust strömten und der Puls der Sinnlichkeit die Schwingungen der Begeiste=

rung für das Tiefste und das Göttliche selbst in sich er=
fuhr: da kann und darf es nicht anders sein, als daß
eine Art Andacht unser Gemüth ergreift, um uns zum
Verständniß dessen zu befähigen, was hier erlebt, ge=
weint und gejubelt wurde. Ohne diese Andachtsregung,
die freilich immer unerläßliche Bedingung ist, wo ein
Geheimniß der innern Welt sich uns erschließen soll,
wolle doch Niemand diese Briefe zur Hand. nehmen, sie
möchten ihm unenträthselt bleiben, und der Spötter
halte sich fern, er versuche es nicht, diesen Entzückun=
gen der Seele, selbst wo deren Illusionen an das Reich
der Lüge oder der Selbsttäuschung grenzen, die baare,
blanke Wirklichkeit allzu nahe zu rücken. Was die
berauschte Seele spricht, kann die wach gewordene weder
bestätigen, noch wiederlegen wollen, und nur seltsam
dünkt es uns, daß in Bettinens Stimmung auf den
Frühling der Gefühle kein Herbst voll Befruchtung und
Bewußtsein folgte, daß der Rausch anhielt und endlich
seine Monotonie den Gegenstand ihrer Neigung ermü=
dete. Wir sehen hier ein Mädchenherz für einen Dich=
ter schwärmen, dem die Locke schon silbern glänzt. Wie

Maria für Jean Paul, so war Bettinens Herz für
Göthe's Person entzündet, noch ehe sie ihn gesehen; sein
geistiges Ich stand lebendig leuchtend vor ihr. Ganz
geistig liebt hier ein durchaus sinnliches Kind. Denn
an Gewährung der Gegenseitigkeit war diese Liebe sehr
arm. Göthe war Greis, — freilich ein Greis, der
als Dichter des westöstlichen Divan noch die Zauber der
Jugendliebe in sich heraufbeschwor, und der wohl eine
Zeit lang dem gährenden Most der Bettina'schen Gefühle zuschauen mochte. Wie weit aber ein Hinneigen
zu dem Kinde, ein Belauschen ihrer lärmenden Her-
zensschläge, zu einer Gegenliebe wurde, läßt sich schwerlich verfolgen und nachweisen. Wie Bettina plaudert,
hatte Göthe sie einst in der Rosenlaube seines Gartens
unter seinem Mantel an sich gepreßt und gesagt: So
gehörst Du mit zu meiner Gestalt! Ein ander Mal
wob er ein Spinngewebe um ihre Stirn mit den Worten: So möge Dein ganzes Selbst der Welt verschleiert
bleiben! Ob er aus der fessellosen Sprache ihrer brieflichen Ergießungen manches für seinen Divan in Verse
übersetzte, bleibt wohl sehr ungewiß, wie dringend es

auch Bettina behauptet. Mignon und Philine waren in ihr vereint, wie eine musikalische Braut der Sphärenwelt und eine trügerische Nixe voller List und Pantoffelränke.

Bettina v. Arnim, Clemens Brentano's Schwester und Enkelin der Sophie Laroche, sieht in ihrer Kindheit, in ihrer Erziehung und in ihrem ganzen ersten Geschick nur eine Vorbereitung zu dem Verhältniß, in das sie zum Dichter trat. Früh eine elternlose Waise, lebte sie als keine Tempeldienerin bis zu ihrem dreizehnten Jahre in einem Kloster in Frankfurt a. M. Sie läutete Abends das Angelus ein, spielte den Engel des himmlischen Friedens bei feierlichen Handlungen und mußte, als erwählter Liebling der frommen Schwestern, für die Reinigung des Kelches und der Kelchtücher Sorge tragen. Heiter und unbefangen, wie sie war, that sie den Tempeldienst in geschäftiger Anmuth, aber es stand schon früh ein ganz andrer Himmel in der jungen Mädchenseele, als er aus den abgehärmten Zügen der Klosterjungfrauen und ihren erloschenen Augen herausblickte. In diesen angewöhnten Formen der

christlichen Buße bewegte sich Bettina nur so lange
harmlos und frei mit ihrem keinen, unschuldig lachen=
den Heidenthum, bis sich die Jungfrau in ihr regte,
und ihr frisch bewegter Sinn, immer rein und still,
aber immer nach dem lebendigen Gott in lebendiger
Welt sehnsüchtig, an dem hölzernen Kreuze nicht mehr
innig genug zu beten wußte. Sie hatte sich schon längst,
ohne es zu wissen und zu wollen, dem Gott in der
blühenden Natur im Geheimen zur Priesterin geweiht.
Nachts, wenn Alles im Kloster schlief, stieg sie keck hin=
aus in die stille Nacht, lief von Thal zu Hügel, sprach
mit der plätschernden Welle, mit dem säuselnden Wind,
mit der weinenden Nachtigall und schuf sich in diesem
Verkehr mit den Geistern der Natur für den unver=
standenen Dienst der Kirche einen heimlichen Ersatz.
So suchte das aberwitzige Kind, das den todten Christus
floh und von seinem Leben im Geiste nichts erfuhr,
sich auf eigne Weise einen lebendigen Gott in diesem
stillen Naturdienst. Hier glaubte sie den Geist der
Geister sich weit näher, hier ward sie heimischer, hier
fand sie in jeder Form den tiefen Sinn, und selbst

während der Schauer einer Gewitternacht, als man im
Kloster singend und betend und in scheuer Hast durch=
einanderlief, hielt sich das seltsame Kind im tobenden
Sturm für unendlich sicherer und heiliger von der Nähe
des Gotts heimgesucht, als vor dem Altare des Herrn.
Diese nächtlichen Wanderungen, die sie mit Fischern
und Hirten der Gegend in vielfachen Verkehr brachten,
erhielten dem Kinde den naturfrischen Zauber der Ge=
stalt, den die Nonnen an ihr liebten, wie etwas ihnen
unerreichbar Fernes. Diese Geheimthuerei mit dem
kindischen Priesterthum in freier Natur, das sich ganz
ungesucht in ihrem sonst offenen Wesen erzeugte, mochte
dem Blicke ihres braunen Auges jenen magischen Schim=
mer verleihen, der selbst auf Goethe's altverständige
Mutter so wundersam wirkte, daß sie ihn nicht anders
als mit dem Ton des Violoncello's vergleichbar fand.
Ohne alle Befähigung zum Verständniß der Formen
der Kirche, ja der Formen des Lebens überhaupt, wußte
Bettina nur von sich und der kindlichen Laune ihres
lebendigen Herzens, die sich in der ungebundenen Wil=
lensfreiheit später zu einem fessellosen Dämon steigern

sollte. Nie hat sie eine Thräne im Kloster geweint,
als wenn sie das blonde Haar einer schönen Novizin
abschneiden und ein volles blühendes Jugendleben dem
langsamen Tode eines dunkeln Opferwahnes sich hin=
geben sah. Ihre spielerische Kinderseele war nicht auf
den eiteln Tand der äußern Welt gerichtet, vielmehr
suchte sie, einer geheimen Ahnungsstimme folgend, hin=
ter der erscheinenden Gestalt des Lebens ein geistiges
Verständniß, ohne das sie nicht zu leben vermochte;
allein sie wollte auch mit den Mächten des Geistes nur
spielend verkehren, auch ihre innigsten Gebete an den
Gott der Natur verriethen den Grundzug ihres Wesens,
auch im Heiligsten, das sie mit allen Schauern der
Andacht erschütterte, eine harmlose religiöse Tändelei zu
erblicken.

So konnte es nicht fehlen, daß ihr scheinbar nur
zur Freude eines ewigen Blüthenlebens berufenes Ge=
müth jenen Mächten, mit denen sie gespielt, selbst als
Spielzeug zu verfallen drohte. Auf den Fluren einer
indischen Paradieswelt wäre sie eine Heilige geworden,
die man anbeten durfte, in der Welt des Christenthums

mußte sie einen Theil Schmerzen tragen, die zu unse=
rem geistigen Leben zu gehören scheinen. Nicht unge=
straft hat Bettina sich in der Natur ihren Gott gesucht
und ihm Tempel erbaut. Die Stimmen, denen sie
auf den Fluren nachgegangen, um mit ihnen zu kosen
und zu scherzen, erwuchsen nach und nach in ihrem
eignen Bnsen zu Göttern, deren flammende Begier das
Mädchenherz zu verzehren drohte, und so war es ihr
vorbehalten, in der süßen Lust, der sie nachgejagt, alle
die Schmerzen, denen sie zu entfliehen gedacht, mit zu
zu erleben und in einer glühenden Leidenschaft zu dem
Dichter alle Früchte ihrer kindlich harmlosen Laune, die
Blüthen ihres sinnigen Witzes, und die Blumen der
keuschesten Treue verloren oder verachtet und langsam
in sich verwelken zu sehen.

In Bettinens Hang zu einem selbstgeschaffenen
Naturdienst sprach sich das Bedürfniß ihres Kinderge=
müthes aus, das Leibliche wie alle Materie der end=
lichen Welt nicht als das Abgefallene, sondern als die
benedeite Form für den Inhalt des Ewigen selber an=
zubeten. Darum entließ sie der Klosterzelle, weil sie

das Leben des Endlichen nicht geopfert wiſſen wollte,
um ſich das Heilige zugänglich zu machen. Darum
entſchlug ſie ſich der Trauer um einen gekreuzigten Er=
löſer. Ihr Gott war ein lachender Götterknabe voll
friſcher Lebensluſt, voll überſchwenglicher Begier, ſich
in die Welt zu ſtürzen, um aus den Flammen der Lei=
denſchaft als Phönix verklärt wieder aufzuſteigen, ihren
Gott wußte ſie viel zu tief im Einverſtändniß mit der
erſcheinenden Welt, er blühte, ſtarb und lebte wieder
auf mit ihr, er ſchwelgte und tanzte, er brach alle Knos=
pen, ſog alle Düfte, genoß alle Früchte des glühendſten
Lebens, ihr Gott, den ſie andetete von früh an, war
ſie ſelber, ihr eigner Genius, ihr geiſtiges Ich, als
göttliches, ewiges Ideal verklärt. Nie iſt die Sinn=
lichkeit herrlicher vergeiſtigt, nie die Seele als die Se=
ligkeit des Leiblichen, der Geiſt als der Aether der Ma=
terie reiner und ſchöner erklärt und gedeutet, als in der
Religion Bettinens. So mußte es nun aber auch
ganz natürlich erſcheinen, daß ihr ſchwärmendes, toben=
des, trotz aller Tändelei gefährlich pochendes Herz in
dem Verkehr mit der Natur, der ihre Nerven nur auf=

regen, nicht beschwichtigen konnte, nirgend Ruhe und
Rast zu finden vermochte, als bis sie an Goethe's Bu=
sen lag und die Lippen desjenigen Dichters küßte, in
dessen Dichten und Denken die Verklärung der Sinn=
lichkeit zur Schönheit nicht bloß Grundthema, sondern
der eigentliche Nerv und die heimliche Religion war.

So weit mußte das unbändige Kind es nun brin=
gen, daß sie den Gott, den sie in dem Leichnam des
Gekreuzigten nicht erkannt, dem sie in Wald und Flur
nachgerannt, in der Person des Dichters zur Offenba=
rung gebracht wähnte. Sie glaubte an einen Genius
im Menschen, den sie noch für etwas anders hielt, als
dessen Geist; sie nannte die ewige Persönlichkeit des
Individuums den göttlichen Genius desselben, der in
die Hülle herabstiege, ohne von jedem Auge erblickt zu
werden. Diesen Genius in Goethe betete sie an, ihm
machte sie ihr Herz zum reinen Altar, ihm gehörte all
ihr Denken, Sinnen und Träumen. Im Schlummer
schmiegt sich ihre Seele erst recht innig an ihn, da zer=
fließt sie ganz in seine Gestalt. Ihre Natur zerlöst
sich in der Person Goethe's, Gott und Natur haben

sich für sie am innigsten in ihm vermählt, und wenn
die ganze Schöpfung nur eine Brautnacht ist zwischen
Geist und Materie, so hat Bettina hier alle ihre leise=
sten Gebete zu sprechen, ihre Opfer zu bringen, ihre
Gelübde abzulegen, voll süßer Einfalt, voll harmloser
Keuschheit der entzückten Seele. Aber es bleibt nicht
bei dem kindlichen Geplauder, das ihre Zunge erhebt,
um sich und ihn, den sie ihren Herrn und Meister
nennt, selig zu preisen. Ihr Gemüth ist oft wie mit
Sturmesfittich getrieben, maßlos das Leben hinzuschlen=
dern, um zu den Füßen des geweihten Mannes die
Seele zu verhauchen. Fern aber von ihm, von rauher,
kalter Welt feindlich berührt, steigert sich ihr Verlan=
gen nach der trauten Nähe seiner sinnlichen Erscheinung
zu einer dunkeln, stürmischen Sehnsucht, die sich rück=
sichtslos ergießt, und so rächt sich denn der Verkehr mit
den Mächten der Natur, den sie so still gepflegt, jetzt
auf eine unbezwingliche Weise. Goethe selbst erschrickt
vor dem dämonischen Geist, der Bettinens Leidenschaft
stachelt, das tändelnde Kind kann toben wie ein Berg=
kobold, und er hat Noth, sie mit jener kühlen Hal=

tungskraft, die seiner Natur eignet, zu beschwichtigen.
Dann ist sie oft wieder so schmeichelnd süß, so sanft be=
täubend wie Blumenduft, sie schleicht sich in die Brust
des Greises wie der silberne Mondenstreif durch Schloß=
ruinen listig lugt, und so gleicht sie wohl am meisten
einer jungfräulichen Nixe des Rheins, die bald plät=
schernd das Ufer küßt, bald zu schwarzem Strudel auf=
rauscht. Eine seenhafte Undine in ihrem ganzen We=
sen, hat sie durchaus das launenhaft Wechselnde des
Wasserelements. Spielend verräth sie unbewußt das
Tiefste und Zarteste, und selbst im Wirbelwind ihrer
glühendsten Herzenserplosionen ist sie noch lieblich, an=
spruchslos und muthwillig wie ein Kind. Manchmal
regt sich in ihr der Trieb, sich von der sinnlichen Er=
scheinung des Dichters abzuwenden und nur das Gei=
stige in ihm zu feiern. Sie appellirt dann an ihren
eignen Genius, aber er verläßt sie in der Gefahr, sie
ist zu wenig denkende, reflectirende Natur, um Geist
und Leib zu sondern, sie kann Form und Gehalt nicht
scheiden, ist ihr doch das Sinnliche nicht als Sinnliches
schön, sondern wiefern es ein Geistiges manifestirt, es

ist ihr sogar an und für sich dunkel, sie versteht es nicht
anders, als es durch das Ideelle, dem es dient, zu
fassen. So bleibt denn alles, was sündhaft heißen
kann, aus der reinen Kinderseele Bettinens fern, es
scheinen nur seltene Stimmungen in ihr aufgestiegen zu
sein, die einen Novemberschauer in den blühenden Mai-
tag ihrer Liebe brachten.

Und diese kurzen Novemberschauer hat Goethe's ruhige Sonne still verscheucht. Wie leicht wäre Bettinens Feuergluth in dunkle Nacht zu verkehren gewesen,
wie nahe lag die Gefahr, in diesem Sturme die schwankende Mädchenseele zu verlieren! Von einer gleichen
Hingebung war hier eben so viel zu fürchten, als von
kalter Verschlossenheit oder einem Versuche, das entzün-
dete Mädchenherz, in dem die glühendsten Naturmächte
laut geworden, durch verkehrte Enthaltsamkeit zur Besinnung zu bringen. Es war ein Dämon in ihr, der
seine Befriedigung wollte, oder er zerbrach die Hülle,
in der er tobte. So nahm sie der Greis still in seine
Arme, und küßte Stirn und Lippen, wenn das sturm-
bewegte Herz nicht anders zu beschwichtigen war, und

die Kobolde des Rheingau's ihr tosendes Spiel in Bettinens Brust begannen. Vor seinem Blicke, wenn er
ihn lange in dem ihrigen verschwimmen ließ, zerflossen
dann alle Schauer einer gefahrdrohenden Ueberschwenglichkeit, und wie wohlthuend seine Berührung auf sie
wirkte, erweist sich recht in der Begrüßung, die sie sich,
Auge in Auge, machten. Sie sank, als er sie an sein
Herz schloß, wie von einem magnetischen Zauber ge-
troffen, in stillen Schlaf. Vor einer förmlichen See-
lenkrankheit bewahrte sie wieder ihre frischduftende, leben-
spendende Natürlichkeit. Bei aller phantastischen Trans-
scendenz ihrer Natur hatte sie den tiefsten Beruf zum
Leben und Weben in allen Stoffen der Endlichkeit.

So hatte sich der alte Goethe durch seine wohler-
probte Weisheit dies Kind gerettet und erhalten. Dafür erwuchs ihm aus Bettinens Gemüth ein großer
Gewinn, und er genoß in diesem Verhältniß zu ihr
einer erfrischten Jugend des Geistes, wie er sie bedurfte,
um das Buch Suleika zu dichten. Ihre Naturevan-
gelien, die sie ihm vorprebigt in ihren Briefen, rufen
ihm die Zeit wieder auf, wo er „eben so närrisch" war

wie sie, und weit „glücklicher und besser", als in der Spätzeit seines Lebens. Ihre ganze vollblühende Leidenschaft zu ihm nimmt er in sein weites, großes Herz, und die überfließenden Faseleien kindischer Exaltation steckt er bequem daneben hinter den Ministerrock, wo schon so Manches saß, und wenn sie zu dringend wird und zu lästig, dictirt er dem Secretär eine abkühlende Antwort in die Feder. Ist sie bei ihm, so lacht er sie oft aus wegen ihrer tollen Phantastik, nimmt sie aber gleich darauf wieder in seinen Mantel und trägt sie streckenweit durch Gärten und Fluren. So kann er sie nicht entbehren, sie ist ein Theil von ihm, sie holt mit ihrem Leben manches nach, was er in seinem eignen schon verwunden. So genießt er die Schmerzen und Freuden seiner jugendlichen Jahre in ihrer Gestalt noch einmal mit, und indem sie so ganz nur ein Gebilde Goethischer Muse scheint, bringt sie ihm doch viel Neues, was er erst durch sie verstehen lernt. Sie deutet ihm die Religion in seinen eignen Dichtungen, zeigt ihm den Gott auf in seiner Natur, schlägt mit strafenden Worten an das kalte Aristokratenherz, das

die Wahlverwandschaften schuf, verwirft die weiblichen
Gestalten im Meister, und wirst ihm mit instinctartiger
Divination einen Schluß des Romans nach, wie er
niemals in Goethe's Ahnung gelegen, und ruft wie
eine tobende, von Völkerfreiheitslust begeisterte Mänade
den Dichter auf, seinen Wilhelm Meister hinauszu=
schicken in die tyroler Berge, wo die Helden der Un=
schuld ihre Stutzen losbrennen, wo das Blut für Frei=
heit fließt und das Leben eine Weihe erhält, die die
Goethische Dichtung nicht kennt.

Das Jahr 1809, wo der tyroler Aufstand Betti=
nens rastlos bestürmtes Herz wachend und träumend be=
schäftigt, verlebte sie in München. Täglich lief sie auf
die Spitze des Schneckenberges und lauschte auch Nachts
hinüber nach den Firnen, wo die Feuer der Freiheit
loderten. Nie war eine zärtlichere Liebe so rein gefühlt
für Völkerglück. Ihre Briefe werden zu Dithyramben;
die keine Mädchenseele wird ein Schauplatz der heilig=
sten Thaten des menschlichen Bewußtseins, während
Goethe, um diesen „verschlingenden" Ereignissen der
stürmischen Zeit zu entfliehen, sich absichtlich in jenen

Roman einſpinnt, deſſen ganze Tendenz Bettinens
Seele wie ein kaltblütiger tückiſcher Tiger anſtiert.

Dieſe Epoche macht überhaupt einen Abſchnitt in
dem Verhältniſſe Bettinens zu Goethe, obwohl daſſelbe
einer geſchichtlichen Entwickelung eigentlich ermangelt;
es trug ſchon im Keime alles in ſich, was es überhaupt
werden kounte. Bettine fühlt ſich ſeit den Kriegsbe=
wegungen in Tyrol zu andern Geſtalten mehr als ſonſt
hingezogen, und ſo enthalten denn ihre Briefe einige
treffende Skizzen fremder Eigenthümlichkeiten, und Laune,
Witz, Phantaſtik und Kindlichkeit vereinigen ſich hier,
den damaligen Kronprinzen von Baiern, Jacobi, Tieck,
die tyroler Heldengeſtalten, und ſpäter Beethoven in
Bildern hinzuſtellen. Goethe empfängt dankend, was
ſie gibt, er weiß ihre Gaben unendlich zu ſchätzen, und
ſie unterläßt es nicht, ihm das Weſen der Muſik, wie
ſie es ſo zart und innig erfaßte, mit aller Begeiſterung
zu deuten, ohne zu wiſſen, daß ſie hier eine Ueberlegen=
heit gegen den Dichter offenbart, die in ihrer Natur bei
aller Anſchmiegung einen hohen Werth der Selbſtſtän=
digkeit anſtrebte. Es kommt ihr nun auch gut zu

statten, daß sie durch die katholische Kirchenmusik schon
früh eine Befähigung für diese Offenbarung erhielt.
Eigentlich liebt sie in Allem, auch in Goethe, nur das
Musikalische, jede andere Kunst ist ihr nur ein Leib für
diese Seele, und so hat sich denn diese Eigenheit ihres
ätherisch=flüssigen Wesens, wie sie sich von Anfang an
verrieth, nicht ohne Hülfe der Eindrücke aus ihrem
Klosterleben in erster Jugend wieder mächtig gemacht,
ja der Reichthum ihres unbewußten Denkens aus mu=
sikalischem Instinct hat sich dem Leser so vollauf er=
schlossen, daß auch die Seiten, wo sie mit ihrer kind=
lichen Harmlosigkeit den Umfang Goethischen Denkens
und Dichtens überflügelt, von großem Gewicht sind.
Aber maßlos, wie sie war, überschwenglich, wie sie sich
über die Herzen, die sie liebte, herstürzte, blieb schließ=
lich doch der alte Goethe, auch in seiner abstracten, mi=
nisteriellen Herrlichkeit, ihr jugendlicher Gott.

Achim von Arnim, ihr Gatte, gehörte gar nicht
zum Roman ihres Herzens. In einem bestimmt ge=
ordneten Verhältniß einen harmonischen Abschluß ihres

Wesens zu finden, . war ihr versagt, und so bleibt sie der ewig bange, nur flatternde, schöne Wundervogel, der am Kelch des Lebens den Rand umschwirrt und von deinen Lippen nascht, so lange sie Nektar schlürfen.

V.

Rahel.

Mit dem Erscheinen von Bettinens Selbstbekenntnissen und Briefen an Goethe schien Rahel für einige unserer deutschen Frauen auf eine Zeit lang in den Hintergrund getreten zu sein, während ihre stillere, geräuschlosere Gestalt in treuen Gemüthern seitdem nur um so tiefer und fester heimisch wurde. Eine Parteiung war eingetreten, man erklärte sich für Rahel oder für Bettinen, es kam in den Cirkeln deutscher Geselligkeit zu ganz bestimmten Controversen und es gab Kreise, die der einen oder der andern Erscheinung entschieden und ausschließlich huldigten. Bettinens Champagnerrausch der Leidenschaft hat manches Herz über sich selbst hinausgerissen, und wenn dies Sichselbstvergessen in entzückter Laune, dieser momentane Jubel einer übernom-

menen Stimmung zu den beglückenden Tropfen geisti=
ger Lebensessenz gezählt werden darf, so. hat Bettina
viel Glückliche gemacht, die der Qual mühsamer Selbst=
prüfung überhoben, nur wenn sie außer sich sind, nur
im Furor der Leidenschaft, dem Leben die bessern Schätze
abzugewinnen vermögen. Es gibt in der That Ge=
müther, bei denen sich Naturanlage, Lebensverhältnisse
und die bestimmten Kreise einer mehr hemmenden, als
fördernden Thätigkeit vereinigen, um die Nöthigung
hervorzurufen, daß erst gewisse Schranken fallen müssen,
bevor ein tieferer Conner mit der geistigen Welt mög=
lich wird. Rausch muß bei ihnen sein, was bei An=
dern eine dauernde Erhebung und eine durchdringende
Verklärung des ganzen Lebens scheint. Sie müssen
die Form zerbrechen, um den Gehalt zu schöpfen, und
nur mit der Ablösung von beschränkender Leiblichkeit
wird ihre Seele die freie Psyche, die sich fessellos im
Raume der Willkür bewegt, von Genuß zu Genuß
fliegt und im gepeitschten Wellenschlage aufgeregter Em=
pfindung sich selbst betäubt. Solche Gemüther machen
ein Phantom zu ihrer Gottheit, eine Lüge wird ihnen

zur Poefie, nur in einer Leidenfchaft entfaltet fich rück=
fichtslos ihr ganzer tieferer Menfch, und eine Illufion
mit Farbenfpiel und Blumenduft ift nöthig, um die
Kraft ihres Geiftes zu einer einzigen Flamme zufam=
menfchlagen zu laffen. Diefe Gemüther, die, um fich
felbft zu erfaffen, gewiffermaßen erft fich über fich felbft
hinwegfchwingen müffen, finden in Bettinens Bekennt=
niffen ein Evangelium ihrer eignen Zuftände. Sie
find die Glücklichern, wenn zum Glück eben eine ge=
wiffe Täufchung gehört; fie erfaffen das Tieffte, wenn
fich die Tiefe nicht anders, als einem trunknen Auge
mit der ganzen Hingebung kindlicher Empfänglichkeit
erfchließt; fie erreichen das Höchfte, wenn die höchfte
Höhe menfchlicher Freude darin befteht, die Bedingun=
gen des beftimmten Dafeins, ftatt fie zu beleben und
zu befeelen, zu zertrümmern, um maßlos fich in Sphä=
ren zu ftürzen, die man für die Heimath halten dürfte,
wenn fie nicht der Tummelplatz gewaltfamer Willkür
wären.

In diefer Lebensluft athmet Bettina. Ihre Frei=
heitsluft, die fie die Grenzen gegebener Verhältniffe

überfliegen läßt, ist ein bacchantischer Rausch, der ge=
flügelte Liebesgott, der ihr Herz anhauchte, erwächst
aus seiner kindlich spielenden Gestalt zu einem Dämon,
der schamanenhaft seine Locken schüttelt, als wolle sich
die schwärmende Liebe in verzehrenden Haß umwandeln.
Es ist viel fliegende Hitze in der dunkeln Glutwange
ihrer Entzückung, und ihre überreizte Gesundheit muß
oft nicht weniger für einen krankhaften Zustand gelten
als Rahel's, an tausend geheimen Qualen erlahmtes,
an allen seinen Fasern und Nervenspitzchen zerrüttetes
trostloses Herz.   Jener maßlose Jubel einer sich hin=
gebenden Liebe erscheint uns oft wie der zitternde Flü=
gelschlag eines Vogels, der sich innerlich verwundet fühlt,
und mit einer Lebenslust, die sich fast in jähe Angst
verwandelt, durch die Lüfte steigt, um die Atzung zu
rauben, die man ihm nicht bringt und ihm zu versagen
Miene macht.   Rahel fühlt sich nicht blos gelähmt,
sie will auch so erscheinen, vor sich selbst und vor der
Welt.   Jene fliegt und wirft sich an ein fremdes Herz,
um in diesem doch nur sich selbst zu finden; scheinbar
freier, ist sie weit mehr die Unfreie, eine Sklavin, die

selbstgeschmiedete Ketten trägt. Daß es duftende Rosenketten der blühendsten Gefühle sind, lindert nicht die blutenden Dornenwunden. Rahel stürzte sich nicht wie Bettina aus drängendem Bedürfniß an ein ersehntes Herz, sie vergrub sich vielmehr still in sich selbst. Eine unaufhörliche Reihe körperlicher Leiden verwies sie auf ihr eignes Ich, sie versank zum Theil auch mit ihrer Seelenstimmung in die Zerrüttung leiblicher Zustände, und wurde so in dieser Beschäftigung mit ihrer körperlichen und geistigen Persönlichkeit für sich selbst der quälerische weibliche Hamlet, der wohl die Welt aus ihren Fugen sieht, aber sie im Ganzen und Großen durch einen umfassenden Gedankenplan wieder einzurichten sich nicht befähigt fühlt. Eine glühende Leidenschaft hatte ihre frühe Jugendblüthe geschwellt und aufgezehrt, das Gefühl ihrer absonderlichen Geburt nagte mehr als billig an ihrem durchfurchten Herzen, über alle Gestalten erster Umgebung ragte sie mit der durchdringenden Schärfe ihres leuchtenden Auges wie durch das Bewußtsein der abgelösten Ueberlegenheit des Geistes weit hinweg; sie sah, sie wußte sich einsam von

früh auf, bis auch in spätern Tagen eines bequemen
Geistesverkehrs dieses Gefühl der Vereinzelung ihr lieb
und werth geworden. Bei ungewöhnlicher Nerven=
zartheit allen Gewittern des Lebens blosgestellt, mußte
sie allen Aufschwung der Seele an die zerbrechliche Hülle
der Leiblichkeit gefesselt fühlen und war gebunden, ge=
halten, niedergedrückt, auf die Hinfälligkeit des Daseins
verwiesen, wie selten ein menschliches Wesen, das in
den angebornen Ansprüchen zu Lebensgenuß eine mehr
als leichte Mahnung findet.

Fassen wir diese Zustände, in denen Rahel's geistige
Kraft gebunden lag, so daß ihr kühnster Aufflug doch
nur eine Opposition, ein Feldzug gegen Widerwärtig=
keiten des Daseins blieb, so kann sie im Gegensatz zu
Bettinen fast nicht anders, als ein Kind des Unglücks
erscheinen. Versagt blieb ihr aber auch nicht, was das
Unglück Großes in sich faßt. Es vereinsamt den Men=
schen; das ist der Fluch des Unglücks, es hebt uns aus
der Menge der Welt heraus, wir sind gezeichnet. Das
ist das tiefste Weh der Menschenbrust, und Rahel hat
diesen Brunnen des Todes, der ihr wie eine ewige

Quelle des Lebens Nahrung bot, vollauf erschöpft. Aber
das Unglück verinnigt uns auch fest in uns selber. Das
Glück läßt uns schwärmen und zerfliegen, es zerflattert
mit uns in die Weite; im Unglück ist der Mensch am
meisten er selbst. Nicht von äußern Mißfällen kann
hier bloß die Rede sein; für den Geist sind äußere Be=
dingungen nur Anlässe zu Stimmungen, welche den
Grundtypus der Gemüthsanlage wohl verwandeln, aber
nicht verdrängen. In Bettinen ist ein inneres trun=
kenes Glück, in Rahel ein tiefes nagendes Leid der
Grundzug ihres Wesens. Beide streifen auch in ihr
Gegentheil hinüber, Bettina wird phantastisch, wenn
sie ernst wird, auch reflectirend will sie nichts als Ge=
nuß. Und die Heiterkeit des Unglücklichen wird Witz
und Ironie, in deren Becher immer ein Tropfen Wer=
muth träufelt, eine kostbare Perle, die sich nur mit
schmerzlichem Widerstand auflöst. Trifft dies nun beide.
Frauen, so gelten hier recht eigentlich Schleiermacher's
Worte, die er zu ganz verschiedenen Zeiten über dieselben
geäußert und die wir aus sicherm Munde entnahmen.
„Rahel," sagt er, „gibt das seltene Phänomen eines

menschlichen Wesens, das immer concentrirt ist, immer sich selbst ganz hat." „Bettina," war später sein Ausspruch, „ist bei allem Geist völlig Sinnlichkeit, sie hat sich nie selbst, kann niemals concentrirt sein." Beide Frauen standen mit Schleiermacher in engem Verkehr, sie hatten von ihm ihre Religion. Seine Lehre, die das Absolute nur im Momente erfassen hieß, wurde für beide Frauen der rothe Faden eines sonst so vielfach gesonderten Glaubensbekenntnisses. Nur daß sich bei der Einen ihrer Natur gemäß zur lärmenden geistigen Genußsucht entfaltete, was bei der Andern, die das Unglück gezeichnet, sich zum scharfen Bewußtsein gestaltete.

Diese Schärfe des Bewußtseins ist es nun aber was Rahel's ganzem Wesen den Charakter der Männlichkeit zu geben scheint. Ist das Weib eine relative Kraft im Leben, ist es wesentlich, ihrer uranfänglichen Bestimmung zufolge, die sich anschmiegende Hälfte des geschaffenen Menschen, so hat die Weiblichkeit in Bettinen einen Triumph gefeiert; ihr Bedürftigsein, ihre Furcht, ohne Liebe einer Leerheit preisgegeben zu wer=

ben, die ihr ganzes Geistesleben aufheben könnte, ist
ein echt weiblicher Zug. Ich rede hier nicht von ihrer
persönlichen Erscheinung, in der sich männlich Kühnes
genug offenbart, selbst ihre Stimme, ihr Gesang hat
etwas Geschlechtloses, und in den Räumen ihrer Häus=
lichkeit läßt sich das Weibliche vermissen, während sich
im Gegentheil auch das geübteste Auge von der An=
muth, die in Rahel's häuslichen Räumen zu herrschen
pflegte, überrascht fand. Nur Kränklichkeit trug die
Schuld, wenn auf Rahel's eigne Gestalt nicht immer
derselbe sorgsame Fleiß zierlicher Feinheit verwandt war,
der in ihrer Umgebung sich mit so deutlichen Spuren
ausprägte. Das sind nicht die Widersprüche, sondern
die Ergänzungen, die der menschliche Geist auf der
einen Seite nachholt, während irgendwie etwas auf der
andern versagt blieb. Nicht aber von der persönlichen
Erscheinung beider Frauen will ich hier sprechen; ich
will den Nerv ihrer geistigen Entfaltung, das Ideelle
ihres innern Menschen erfassen, der sich oft in äußerer
Form von sich selbst sein Gegenstück schafft, um auch
dem Reiche der flüchtigen Tageswelt den schuldigen Tri=

but zu zollen. So erscheint die endliche Persönlichkeit
des Menschen . oft eine ganz andere, als seine geistige
Person. Beide hängen jedoch an geheimen Fäden eng
an einander, bedingen sich gegenseitig, aber nicht selten
in einer Contrastirung, in welcher das volle ganze Ich
in leiblicher und geistiger Entfaltung oft ein ironisches
Spiel mit sich selber treibt. Bettina möchte gern ein
geschlechtsloses Kind sein. In ihren artistischen Be=
strebungen, wenn sie singt, spielt, zeichnet, modellirt,
in der Umgangswelt und im Gesprächston hat sie die
freie Kraft, fast die ungenirte Handfestigkeit des Man=
nes, und nun sie ihre tiefste Seele in jenen ewig denk=
würdigen Ergüssen voll fluthender Sehnsucht und süßem
Schmelz an das Licht der Welt herausgekehrt hat, sind
wir von dem blos Weiblichen überrascht, das wohl, wenn
die Entzückung der Liebe eine fieberhafte Entzündung
wird, alle Fesseln weiblicher Zaghaftigkeit von sich streift,
aber auch in den tobendsten Wellenschaum der aufge=
regten Lebensgeister nie männlich hart, nie geschlechtslos
frei werden kann, noch seiner weiblichen Function über=
hoben. Gerade im Wirbel der entfesselten Leidenschaft,

selbst im Schamanenhaften ihrer Tobsucht ist dies Weib
ein echtes Weib, mit der Schwäche der Frauennatur
behaftet, die nur im Anschmiegen der schlanken, wellen=
haften Gestalt ihre unbesiegliche Kraft findet und weiß.
Alles, was Kind und Mann an ihr scheint und ist,
hilft ihr blos die gewöhnlichen Schranken stillerer Weib=
lichkeit vernichten, um Das maßlos zu sein, was sonst
nur in der Hülle beschränkter und verzagter Hingebung
und Demuth möglich ist. In Bettinen haben wir das
fühlende Weib, das sich emancipirt.

In Rahel hat das denkende Weib seine Emanci=
pation erlebt. Was ihr eben den hervorstechenden Cha=
rakter eines sinnenden, grübelnden, brütenden Wesens
gibt und was das Product einsamer Gesondertheit und
überlegener Geisteskraft ist, hat allerdings den Anschein
eines männlichen Zuges. Ich erinnere mich noch sehr
wohl des Augenblicks, wo ich Rahel — ein erstes und
letztes Mal — gesehen. Es war in den letzten Jahren
ihrer körperlichen Hinfälligkeit; aber es mochte ein gu=
ter Moment sein, als sie vor mir stand mit dem blas=
sen Gesicht, dem dunkeltiefen Auge, dem schwarzen Ge=

wande und der nachläſſigen Haltung ihrer nach vorn
zuſammengeſchlagenen kleinen ſchneeweißen Hände. Sie
war ins Zimmer wie ein ſchwebender Geiſt gefahren,
ſie ſtand ſo plötzlich vor mir, daß ich erſchrak. Lautlos
pflegte ſie eine neue Erſcheinung mit prüfendem Blicke
zu muſtern, und wie man ein Buch in die Hand nimmt,
den Titel betrachtet und nach kurzem Hin= und Her=
blättern es wieder fortlegt, wenn zu näherer Bekannt=
ſchaft die Zeit ungünſtig iſt, ganz ſo war die kurze Mu=
ſterung, die ich erlebte. Schweigend verließ ſie das
Zimmer, ſchleichend geſchwind, wie ſie gekommen. Ein
Krampf über dem Auge, der ſie plötzlich befiel, hieß ſie
flüchten. Erſt ſpäter hörte ich, daß ſie ein Buch von
mir geleſen, einige Stellen deſſelben, wie ſie pflegte,
ſich angeſtrichen und den Wunſch geäußert, mich ſelbſt
gleichſam mit den dortigen Ausſprüchen zu confrontiren.
So kam, ſah und verſchwand ſie wieder. Der mann=
lich=kühne Lichtblick ihres Auges, das ſtreng Prüfende
ihrer Miene iſt mir aber nie verſchwunden, dieſer Ein=
druck blieb mir lange Zeit, bis mir ſpäter aus ihren
Briefen an Alexander von der Marwitz, Gentz und

Varnhagen auch die milde Lieblichkeit ihrer geheimern
Weiblichkeit kar wurde. Aber es lag eine auflösende
Kraft in der Beharrlichkeit ihres sinnenden Auges. Es
spricht aus ihren Bekenntnissen auch von früherer Zeit
her eine geistige Schlaflosigkeit, sie scheint oft übermü-
det, überwacht, als wäre ein schweres Unglück mit
schonungsloser Hand über ihre Stirn gefahren und hätte
sie starr in sich selbst gebannt und ihr doch die Beseli-
gung einer still versinkenden Ruhe versagt. Gebunden,
gelähmt, fühlt sie die tausend großen Fähigkeiten eines
ewig lebendigen regen Geistes, der nichts als Leben erzielt; aber was erst dies Alles in einander greifen läßt,
damit Das, was Maschine scheint, ein organisches glück-
liches Ganzes werde, der Muth war ihr versagt, Muth
zum Leben, Muth zur geistigen Schaffenslust. Ein
Ersatz dafür ist der spielende, hüpfende Muthwille, der
Witz. Bettina ist nie witzig. Sie hat zu viel un-
mittelbare Schaffenslust, sie hat zum Leben und Lieden,
zum Kunstgenuß und zum Dilettiren in allen artistischen
Fächern einen Muth, der bis zum Uebermuth steigt.
Einem Weide, das witzig ist, muß der Stachel des

Schmerzes das tiefe Herz verwundet, sie muß bitter
verzichtet haben, im Innersten verletzt gewesen sein und
nach tausend heißen Thränen sich mit Gewalt beschwich=
tigt haben, denn so lange sie weinen kann und darf, ist
das Weib nicht witzig. Rahel's Herzen sind die tief=
sten Wunden geschlagen, tiefere als die Briefe sagen;
der eigentliche Roman ihres Lebens durfte nicht an den
Tag gestellt werden, er blieb als ein Vermächtniß für
spätere Zeiten zurückgelegt. Das Verhältniß zu einem
Grafen Finkenstein, der ihr in frühester Jugend Herz
und Hand geboten, läßt sich nicht wieder den geschlosse=
nen Händen der Vergangenheit entwinden. Durch den
Liebreiz ihres ersten Blütenlebens angezogen, wurde er
bald von Familienrücksichten vermocht, auf ihren Besitz
zu verzichten; Rahel's eigene Verwandte hatten Schwie=
rigkeiten erhoben, die sich ebenso unbesieglich zeigten.
Noch weniger kann Rahels stürmische Liebe zu einem
jungen Spanier ein Gegenstand der Darstellung wer=
den; mit dem Verluste einer großen Menge Briefe, die
einen langen Zeitraum ihrer völlig aufgeblüthen Jugend
umspannen, ist die Hoffnung verloren, auch nur in

schwachem Abglanz jene Glut einer erwiederten Gegen=
seitigkeit und einer innigsten Hingebung zu malen.
Aus der Leidenschaft der Liebe wurde im Herzen des
jugendlichen Spaniers eine Furie der Eiferſucht, und
aus dem tiefſten Glück der höchſten Wonne durch dieſen
Wandel der Gefühle für Rahel ſelbſt das bitterſte Un=
glück und das ſchmerzlichſte Weh. So hörte das Ver=
hältniß zu dem glühenden Mann des Südens auf, nicht
aber ihre Liebe zu ihm. Auch das treueſte Glück eines
ſpätern, ebenſo freundlichen als geiſtig befriedigenden
Bandes ließ die Narbe an ihrem geheimſten Herzen
nicht verharſchen.

Nach jener erſten Periode ſüßeſter Liebe und völlig
erſchöpften Lebensglückes traten viele Geſtalten in Ra=
hel's Kreiſe, gedrängt und bunt wurden die Cirkel um
das wunderſame Mädchen, Fürſten und Grafen, Künſt=
ler und Dichter umflatterten ihr gebrochenes Herz, das
wohl noch der Neigung edler Gemüther bedurfte, aber
nach jenem großen Verluſte erſter jugendlich-friſcher Lie=
besgaben nicht mehr ganz zu erfüllen war. Sie ſaß
nun ſchon in ihrer „Herzens=morgue" da, ſie lebte ihr

Leben nicht mehr, sie sah ihrem Leben nur zu. Uner-
hörte Schläge hatten ihre Gesundheit erschüttert, und
es war nur die Zähigkeit eines Lebensfadens zu bewundern, der unter dem überhäuften Maß von Leiden noch
undurchschnitten blieb. Diese keine zarte, nervenleise
Gestalt, die bei ihrem Eintritte aus dem mütterlichen
Schooße in die Welt in eine Schachtel, mit Baumwolle
gefüttert, gelegt werden mußte, entwickelte in der Paf-
sivität und in der Defensive gegen eine unabreißliche
Kette von Fatiguen und Krankheitsstürmen aller Art
eine staunenswerthe Kraft und Festigkeit. Ihr äußeres
Dasein war nicht mehr einsam, oft sogar geräuschvoll
und glänzend. Aber physisches Leiden und geistiger
Schmerz hatten sich nun schon vereint, um sie in sich
zurückzutreiben, und mannigfach durchschüttelt und gequält, glaubte sie sich einsam, fühlte sich in der Gebun-
denheit an die Hinfälligkeit des Leibes arm, verstoßen,
verlassen. So sieht sie bei der Schärfe ihres leuchtenden Verstandes sich oft mitten im Geräusch der Geselligkeit von Allem losgelöst und abgeschieden; „eine Iphi-
genie unter Barbaren" fand sie der Mann, dem es bei

einem beglückten Naturell seltener Gaden später beschie=
den war, diesem hinfälligen kostbaren Leben eine ebenso
milde als kräftige Stütze zu bieten. – Nach jenem ersten
Sturm und Aufruhr, der an der Wurzel der Seele ge=
rüttelt, schien eine Stille bei ihr eingekehrt, die den
ängstlichen Flügelschlag eines irren Vogels hörbar machte.
Deshalb die Stimmungen von Furcht und Angst, die
so häufig wiederkehrten. Aber es gehörte zu ihren me=
taphysischen Gelüsten, dieser Stille in ihr zuzuhören,
denn diese Stille ward für sie vernehmlich, sie redete
laut zu ihr und hatte nicht selten einen schreienden, gel=
lenden Ton. Oft erschien sie dann eben wie abgelöst
von Zeit und Raum, und was sie nach diesen Momen=
ten eines fast magnetischen Versinkens in sich selber
sprach, waren Worte einer Kassandra. Man weiß
viele Einzelnheiten, wo man sich genöthigt gesehen,
ihrem prophetischen Sinne, gegen den man Zweifel ge=
hegt, unbedingt und mit Beschämung über sich selbst
zu huldigen. Rahel hatte etwas Providentielles in
ihrer Natur. Ob ihre Aussprüche den Untergang eines
Kindes, einen Unfall geringerer Art betrafen, während

jene unselige Troerin auf den Sturz des ganzen Vater=
landes hinwies, nimmt ihrem innern Vermögen nicht
die Kraft, in ihren nervösen Zuständen für allgemeinere
Schicksale den Prototyp zu finden. Auch gehen manche
ihrer Vorgefühle auf eine Zukunft, die noch ungewiß
über dem fernen Horizonte unsers Lebens steht; eine
Reformation geselliger Zustände, eine geistig=freiere Ela=
sticität der ehelichen Bande lag als nothwendige Be=
dingung ihres eignen Lebens wie eine zuversichtliche
Ahnung in ihrer Seele. Was sie in ihren Kreisen
durchlebt, mochte sie, von dem Schooße einfacher Fa=
milienverhältnisse auf Allgemeineres schließend, als Maß=
stab für kommende Zeiten halten. Dies schöpfte sie
Alles in jenen Momenten einer stillen Einkehr in sich
selber. Hierin lag, wie es Adam Müller in einem
seiner Briefe an sie bezeichnete, das „Sibillinische" ihres
sensitiven Wesens. In dieser geistigen Bevorzugung
lag das tiefe Unglück ihres innern Menschen. Durch
kränkliche Anlässe auf einzelne Punkte lichter Gesund=
heit verwiesen, nagte sie ängstlich und schwer am Au=
genblick. Der Moment galt ihr Alles, und keuchend

lag sie an den Brüsten eines glücklichen Zeitpunkts, aus dem sie Ersatz, Kraft und Trost für bange Stunden voll verzehrender Mühsal sog. Das Vergehende, Hinsiechende und Todte im Leben hat Niemand so schmerzlich aus dem Strome des Daseins herausgefühlt, als Rahel. Das machte sie zu dem „brunetten Hamlet," wie sie sich selbst genannt, der den todten Schädel fortschleudert und „pah!" ausruft, „der große Alexander, Staub und Lehm geworden!"

Sind ihr nun in dieser Stimmung Blicke in die Verworrenheit mancher Zustände gegenwärtiger Gesittung vergönnt, die sonst der Natur des Weibes versagt scheinen, so liegt hierin etwas Geschlechtsloses, noch nichts Unweibliches, es müßte denn sein, daß wir einer Kassandra, die vor Schmerz und geheimem Weh witzig und sarkastisch wird, die Weiblichkeit absprechen dürften. Das scharfe Schwert ihres Urtheils und die nicht selten Shakspeare'sche Kühnheit ihres Ausdrucks waren nur männliche Waffen, um die Ansprüche zu verfechten, die sie, trotzdem sie als Weib geboren war, für sich als Mensch zu machen sich befugt hielt. Hören wir jedoch,

ehe ich noch die geheimere Faser ihrer echt weiblichen
Natur berühre, sie selbst über sich sprechen. Wie sie
über die gewöhnlichen Functionen weiblichen Berufes
sich schon von früh hinwegzusetzen, Lust und Neigung
genug fühlte und ihre besondere Stellung zum Leben
als Mensch behauptete, deutet folgende Briefstelle an,
die der Feder des zweiundzwanzigjährigen Mädchens
angehört. Im J. 1793 schreibt sie an David Veit,
dem ersten ihrer Genossen, die sie in die Kreise ihres
Gedankenlebens einführte:

Was kann ein Frauenzimmer dafür, wenn es auch
Mensch ist? Wenn meine Mutter gutmüthig oder
hart genug gewesen wäre, und sie hätte nur ahnen kön=
nen, wie ich werden würde, so hätte sie mich bei mei=
nem ersten Schrei in hiesigem Staub ersticken sollen.
Ein ohnmächtiges Wesen, dem es für nichts gerechnet
wird, nun so zu Hanse zu sitzen, und das Himmel und
Erde, Menschen und Vieh wider sich hätte, wenn es
weg wollte (und das Gedanken hat wie ein anderer
Mensch) und richtig zu Hause bleiben muß, das, wenns
mouvemens macht, die merklich sind, Vorwürfe aller

Art verschlucken muß, die man ihm' mit raison macht; weil es wirklich nicht raison ist, zu schütteln; denn, fallen die Gläser, die Spinnrocken, die Flore, die Näh= zeuge weg, so haut Alles ein.

In einem Briefe an Fouqué aus dem J. 1809 ergibt sich das ganze Bewußtsein Rahel's über ein in= neres Unglück, dem es nicht an bestimmten Anlässen fehlte, um mehr zu sein als Product hypochondrischer Kränk=lichkeit. In der schrecklich gewissenhaften Mühe, die sie sich giebt, um ihre eignen Zustände im eigent= lichsten Sinne des Worts zu durchwühlen, liegt der eigentliche Nerv ihrer verzehrenden Reflexion.

„In welchem Zustand — schreibt sie — traf mich Ihr Schreiben! Ich, die das zäheste Leben in sich trägt, war bis zum Ennuyiren vernichtet — alle an= dern Seelenzustände war ich durchgegangen. Aus die= sem Opiumszustand bin ich nun freilich scheinbar, wenn auch in der Wirklichkeit nicht, durch tausend andere Hetzen gekommen: durch den Frühling (der mir immer so weh thut) und durch die bittere Ueberzeugung in der

Kühne, Charaktere. I.

Verzweiflung selbst. Was mir ist? Daß ich noch nie
gefehlt habe; noch nie leichtsinnig oder eigennützig han=
delte und mich doch aus dem immer sich fort und neu
entwickelnden Unglück meiner falschen · Gebrt ·nicht
hervorzuwälzen vermag. Dies sind wenige, leicht und
bald auszusprechende Worte; aber es sind die Bogen,
worauf mein ganzes Leben hindurch die schmerzlichsten,
giftigsten Pfeile abgedrückt sind. Fest stehen sie, die
Bogen, aus ihrer Richtung führt mich keine Kunst, —
keine Ueberlegung, keine Anstrengung, kein Fleiß, keine
Unterwerfung. Das Glück, das große, wendet mir
ganz den Rücken. In dieser Attitude findet mich ein
Jeder: und nie war Einer überedel genug, um mich
wie eine Glückliche zu behandeln, die fordern darf und
der man leistet. Jedes menschliche Verhältniß ist mir
misglückt. Meine Einsicht über mich ganz geschärft:
aber meine Herzensfasern zu schwach. Ich folge ihr
nicht, der Einsicht. Menschen locken, rühren und rei=
zen mich. Niemand, kein Dichter, kein Philosoph kei=
ner Zeit sieht sie mehr durch, als ich: und nun mit
ihnen wirklich, in der That umzugehen, muß man sich

doch immer einſetzen: ſonſt trat man ihnen ja in der
Wirklichkeit nicht nah; vertrauen muß man ſich doch,
ſonſt handelt man, aber lebt nicht. Auch bin ich kein
alberner Miſanthrop! Ich traue und liebe, und bedarf
nach rechts und links; aber das Glück, das Schickſal,
Gott, die Götter, wie es einer nennen will: ich nenne
es jetzt immer die événements: die empören mich ganz!
Warum nicht eins zu meiner Gunſt, warum in dem
großen, unermeßlichen Tollhausgewühl nicht Einer toll
zu meinem Vortheil? Auf allen Seiten, auf allen
Punkten ſehe ich ja das für Andere, für einen Jeden,
für eine Jede erfüllt. Ein ſolches Glück, das mich
perſönlich erheben ſollte, kann in meinem Lebenskreiſe
ſich nicht mehr intenſiv als große Chance, noch extenſiv
für meine noch zu lebende Zeit ereignen. Ich ſehe alſo
der Welt zu. Das Leben, die Natur iſt für mich da.
Berechnen Sie alſo die lutte in meinem Leben, die
großen und die kleinen bittern Momente. Mit dem
ſchärfſten Bewußtſein über mich ſelbſt, mit der Mei=
nung, daß ich eine Königin (keine regierende) oder eine
Mutter ſein müßte, erlede ich, daß ich grade nichts bin.

Keine Tochter, keine Schwester, keine Geliebte, keine Frau, keine Bürgerin einmal.

In demselben Jahre (Monat Februar) schreibt sie an Varnhagen von Ense nach Tübingen:

O! lieber theurer Freund, dies war ein zu gräßlicher Winter und Herbst. Ein Leben voll Glück sollt damit nicht errungen werden müssen. Wie betrübt, geängstigt, gedrückt, verzweifelt war ich noch vor zehn Minuten! wie ennuyirt! Noch soll ich mich, nach Allem, was ich wahrscheinlich schon erlebt habe, in solcher keinen, niedern, ungewissen, nun gar einsamen, von Menschen und Künsten und Natur geschiedenen Lage, herumbalgen. Und all mein Muth, meine Klarheit, meine Gaben sollen mir zu nichts dienen können, als daß ich wie eine Verzweifelte — Verlassene — davon gehen kann. Dies ist die trockene Geographie meines Zustandes. So war es doch diesen ganzen Winter — gespickt mit tausend Kränkungen, Neckereien, Beleidigungen und Unsinnen, ohne Labe für Herz, Geist, Phantasie. Die Reihe der Gedanken, die bei mir in der Zeit aufgeregt wurden, der Aerger, der Ver-

druß, das Unbehagliche, das in jedem Augenblick mei=
ner Lage mich anpickende, anpackende, immer wieder=
kehrende, sich aus jedem Neuen neu erzeugende Unge=
mach, auf Menschen=Seichtigkeit, Schlechtheit und
Dummheit zu meinem Wahnsinn gegründet; dies ge=
trübte, gekränkte, empörte und gesunde, nie ermüdete
Herz! Diese Stützenlosigkeit nach jeder Seite! Auch
Du, Varnhagen, misdeutest meine Kraft. Ein sieb=
zigfaches Leid, eine Aeußerung davon ist sie! Diese
Woche habe ich gefunden, was ein Paradox ist. Eine
Wahrheit, die noch keinen Raum finden kann, sich
darzustellen; die gewaltsam in die Welt drängt und mit
einer Verrenkung hervorbricht. So bin ich leider! —
hierin liegt mein Tod. Nie kann mein Gemüth in
schönen Schwingungen sanft einherfließen, wozu dies
Schöne in der Tiefe meines geistigen Seins wie in
den tiefen Eingeweiden der Erde verzaubert liegt. —

Ein weibliches Gemüth, das die Schranken der
Gewöhnlichkeit durchbricht, gilt schon deshalb in der
Regel für unweiblich, als wenn Beschränkung und ge=
drückte Dienerei die Bedingung echter Weiblichkeit

wäre. Freilich ist es der schönste Zug der Frauenklug=
heit, scheinbar dienerisch sich anschmiegend ihre Herr=
schaft zu üben, die man ihr nicht einräumt, wenn ihre
Hand offen und dreist nach dem Scepter greist. Nur
wenn sie nicht herrschen will und nicht zu herrschen
scheint, herrscht die Frau wirklich. Und deshalb mußte
eben die herrschsüchtige Bettina ihr Regiment über die
Gemüther verlieren, während Rahel's bescheidene Klug=
heit und kluge Bescheidenheit bis ans Ende der Tage
Königin des Kreises war, in den sie trat. _ So wird
die tulpenhafte Prahlerei von der veilchenstillen Demuth
dauernd besiegt. Bettinen mußte man fliehen, um sich
der Ketten, die sie um den Hals ihres Opfers warf,
zu entwinden; zu Rahel kam man, um Hand und
Herz zu bieten. Bettina plünderte in dem Sturm
eroberungslustiger Liebe die Herzen und die Geister
Derer, für die sie glühte. Arm ging man von ihr,
man hatte in ihrer Huld Alles verschwelgt. Von
Rahel konnte man nur mit vollen Händen, mit ge=
fülltem, dichtgedrängtem Herzen zurückkommen. Nur
die mühsam beladenen Herzen, die zu ihr gewallfahrtet,

zogen leichter und freier von dannen, denn es gehörte zu ihrer Religion, die Bürde des Lebens mit dem Unglücklichen zu theilen. Bettina war eine Herzensquälerin, im Jubel ihrer tobenden Lust war sie wie ein edles Araberroß, das sich vor schäumendem Lebenskitzel die Adern zerbeißt und aus Liebe seinen Pfleger und Herrn verwundet. Rahel war eine Herzenströsterin. Und hier ist nun in der That die geheimere Seite ihres oft räthselhaften Wesens. Es war ihre Leidenschaft, Menschenloos zu lindern; — sie konnte nicht leben, ohne Unglückliche zu trösten. So unterwirft sich Alles, was der Mensch im vielverschlungenen Lebensstrome thut und übt, einzig und allein dem einfachen Gesetz seiner eignen Lebensbedingung. Weil Rahel selbst eine Unglückliche war, weil sie wußte, was dazu gehöre, mitten im fieberhaften Kampfe mit tiefsten Leiden den Glauben an das Leben nicht zu verlieren, durchfühlte sie auch alle Schmerzenswehen der Welt, als durchzuckten sie ihre eignen Adern. Vom Glück der Liebe hat sie weniger gewußt als jenes wunderbare Kind, das ohne allen tiefern Sinn für Unglück und Schmerz,

vom Glücke der Neigung noch zehren zu können sich
einbildete, als dies Glück und diese Neigung schon
nichts mehr war als ein Phantom, ein Trugbild ver=
wöhnter Phantasie. Wie klar aber Rahel Alles, was
wir von ihr sagen können, selbst wußte und über sich
selbst aussprach, leuchtet wohl aus folgendem Bekennt=
nisse an Frau von F. (aus dem J. 1810) am deut=
lichsten hervor:

Ich habe — schreibt sie — den vorzüglichen Geist
nicht, den man mir so verschwenderisch zugesteht, oder
vielmehr tausend und tausend Menschen haben ihn auch.
Verstand haben gar die meisten Leute und hundert Be=
kannte mehr als ich. Kenntnisse und Talente habe ich
gar nicht: Und doch eine sichere Meinung, ein tref=
fendes und eigenthümliches Urtheil auch über diese Dinge.
Durch Kraft der Ehrlichkeit, durch den großen durch=
gehenden Zusammenhang aller meiner Fähigkeiten, durch
ewig unzerstörbaren Zusammenhang und das unauflös=
liche Zusammenwirken meines Gemüthes und meines
Geistes, durch die ewig redliche Wachsamkeit darauf,
durch die unerschrockene Kühnheit gegen arge Resultate

meines Urtheils und meines Betragens, sobald ich beide
für richtig erkenne. Dies ist meine ganze Grazie, nur
die schafft Liebe. Wer mich um etwas Anderes liebt,
der betrügt mich, oder sich, der lügt, oder ist albern.
Darum freut mich nicht allein so selten Aeußerung von
Liebe, sondern empört sie mich sogar. Aber wie ver=
loren rinnt mein ganzes Herz in ein anderes über,
wenn ich dieses wirklich durch das meine gerührt, be=
rührt glauben kann. —

Will man nun diesen wunderbaren Geist, der sich
selbst so klar durchschaute, daß er sich fast alle heitere
Freude unbewußter Friedfertigkeit mit sich und der Welt
zu trüben drohte, in seinem tiefsten und eigensten Lebens=
nerv erfassen, will man dies wundgestochene Herz hell leuch=
ten sehen in einer einzigen Flamme, zu der alle seine
Fasern sich entzünden, so suche man sich unter den Per=
sonen, an welche sie schreibt, die dunkeln Schmerzens=
menschen auf, welche der Freundin ihr Leid kagen,
und welche zu trösten die herrliche Frau alle Schleusen
ihrer strömenden Beredtsamkeit eröffnet. Man lese
unter andern die Briefe an Alexander v. d. Marwitz,

um Rahel's Größe zu bewundern. Marwitz war einer
jener aristokratisch launenhaften, aber edeln Gemüths-
menschen, die mitten im Reichthum eines äußerlich behäbigen Daseins ein hinsiechendes Leben führen. Die
Fülle der Umgebung, bei der nichts zu wünschen, nichts
zu erstreben bleibt, macht den stärksten Contrast gegen
Unbehagen innerer Misstimmung, mitten unter blühenden Lebensbäumen vegetirt in ihnen ein verwelkendes
Herz. Ein frühes physisches Leiden, die Folge eines
unharmonischen Lebensgenusses, braucht nicht einmal
dazu zu kommen, um den Widerstreit innerer Bedürfnisse und äußerer Gewährnisse zu vollenden. Der
Aufenthalt auf dem Lande (Marwitz lebte in jener Zeit
auf seinem Gute Friedersdorf) macht die Seelenstimmung um so abgelöster vom lebendigen Verkehr mit der
strebenden Welt; Plan und Ziel ist genommen, Mühe
und Arbeit fehlen, um dem Leben einen vollen Inhalt
zu schaffen. Die allgemeinen Zustände Deutschlands
sind niederdrückend, die besten Geister sind in jener Zeit,
als Heinrich von Kleist freiwillig endete, die gelähmte-
sten, sie fühlen am tiefsten das Weh des Allgemeinen

in ihrer eignen Bruſt. Aufſtände regen ſich, einzelne
Fürſten Deutſchlands wollen losbrechen, aber es ſehlt
an Muth, und weil an Muth, auch an Klugheit.
Marwitz, der ſpäter Theil nahm am Feldzuge und bei
Montmirail ein Opfer ſeines Eifers wurde, wußte da=
mals bei den ſchwankenden Zuſtänden keinen Rath für
ſich und für die Sache des Vaterlandes. So ſiechte
er hin; der Gedanke, freiwillig zu enden, war das Ein=
zige, was ihm die erſtorbenen Lebensgeiſter zuſammen=
rief und lebendig anfachte. Dies Gemüth war nun
für Rahel's ſorgſame Pflege wie geſchaffen. Hier wird
ſie leidenſchaftlich, hier liebt ſie innig, denn hier iſt
Gefahr, hier droht Verderben. Und hier ſeiert die
Weiblichkeit ihre höchſten, ſeltenſten Triumphe; denn
was dem Manne verſagt iſt, wird hier der weiblichen
Macht möglich, ein Leben zu retten, das in ſich ſelbſt
rettungslos zu verbluten ſchien.

Mehr und Beſſeres kann Ihnen mein beunruhigtes,
zerrüttetes Gemüth nicht geben — ſchreibt Rahel, des
Freundes Worte wiederholend, im Mai 1811. — Die=
ſen Schreck muß ich von Marwitz haben, das von mei=

nem geliebtesten Freunde erleben! Wie oft könnte ein
in Wunden zerrissenes Herz heilen, genesen; zum Leben
berührt werden, in seiner Noth; von einem einzigen
Blicke, von einem Worte, von einer Bewegung, einer
Inflexion der Stimme des geliebten Menschen, auf den
der Ringende harrt, nicht aus Schwäche, aus Men=
schenelend harrt und harren muß. Vergebens! Nicht
Blick, nicht Wort, nicht Ton kommt zu uns; wir ver=
schmachten, vergehen, leben nicht; und Welt, und wir
selbst manchmal, wähnen uns getröstet. „Die Men=
schen verstehen einander nicht," sagt Werther. Sogar
die Jammertöne werden nicht erkannt, die aus eines
Jeden Brust geschlagen werden; von Andern nicht! dies
ist wahr und schrecklich! Das andere Schreckniß be=
steht darin, daß wir auch nicht heilen, nicht helfen kön=
nen, wenn der von uns Geliebte leidet! Wir verstehen
ihn ganz, sein Leid reißt in unserer Brust; und einsam
ist er, einsam sind wir. Diese Klause, worin jede
Menschenseele haftet, und wo Liebe dann und wann
Leben und Leben vermählt, ein Licht, vom Himmel
geschenkt, hinüberträgt, — dies ist der Graul, wovor

der Mensch erstarrt (des Denkers Geschäft in Gedet
übergehen muß), und ich verzweifle. Mit mir ist es
aus. Sie erscheinen mir, den ich lieben kann. Jung
und gut dotirt, wie ich es nur wünschen mag, stehen
Sie vor mir; ich lerne Sie auch genau kennen: Sie
erkennen mich, ich bin Ihre Freundin; das Meiste und
Beste der Welt, des Lebens, sehen wir mit gleichen
Augen, mit gleichem Geiste an; fühlen, sind überzeugt,
Jeder vom Andern, daß er ein lebendiges, unschadhaftes
Herz im Busen trägt, besitzen und lieben unsere fünf
Sinne. Kurz, ich kenne, durchschaue und empfinde
Sie so, daß mein Glück und Ihr Glück einen Strom
geht! Sie wissen, ich halte nur auf Beieinanderleben;
aber Sie sind der Erste, den ich nie wieder sehen, nie
wieder hören will, wenn es Ihnen nur gut geht, wenn
Ihre Natur mit Ihren Bedürfnissen sich nur deployiren
darf; Eins wissen Sie nicht, Marwitz, wie über alles
zu fassende Maß dies bei mir viel ist. Wissen Sie
dabei, daß Ihre Gegenwart mir wie das Auge der
Welt geworden ist, ich sehe Sie auch, wenn Sie nicht
da sind; aber in die Augen sehe ich ihr nicht; ich weiß

auch nicht, ob sie mich sieht. Ich habe viel geliebt, aber nie einen Menschen wie Sie. Und mußte auch mein wahnsinniges Herz mich bis zu den Grenzen meines eignen Seins reißen, so war mein Geist nie irre: und einem wirklichen Gegenstande war es aufbewahrt, mich zu lehren, daß das Maß nicht in mir, sondern in ihm abgesteckt ist. (So habe ich Goethe geliebt in seinen Werken.). Von diesem Freund, dessen Wohlsein ein neues, anderes Lebensziel für mich werden mußte, höre ich nun auch die trüben zerstockenden Klagetöne, mit denen ich die Atmosphäre durchdringen mußte, und kann ihm gar nicht helfen. Fühlen Sie das? begreifen Sie's? das wollt ich Ihnen sagen, und so viel mußte vorhergehen. Einsam steht Jeder; auch liebt Jeder allein; und helfen kann Niemand dem Andern.

Indem sie aber so dem vereinsamten Freunde die Schrecken der Einsamkeit als das Loos der Menschenbrust malt, nimmt sie ihnen die tödtende Macht, und indem sie sich selbst als herzenseinsam hinstellt, ist er es nicht mehr allein, sie mit ihm, und also keiner von Beiden mehr verödet und verlassen. Das ist die kluge und zarte Kriegstaktik dieser Herzenströsterin Rahel, eine Taktik, die nicht darauf gestellt ist, Herzen zu erobern, wie Bettinens Schlingnetze, sondern Herzen zu retten und zu sichern. Wenn aber etwas weiblich genannt werden darf, so ist es diese bei aller Leidenschaft zarte und innige Lust, dem Umdüsterten mit leiser Hand über die gefurchte Stirn zu greifen und sein verhängtes Auge zu lichten. In dieser Lust, Unglückliche mit sich und ihrem Geschick zu versöhnen, liegt Rahel's Größe, und dieses Talent ihres Herzens, das alle Gaben ihres Witzes und Scharfsinnes überdietet, sichert ihr den Werth echter Weiblichkeit. Auch Gentz, der eigenthümliche Mann, dessen Gemüthsstimmungen ebenso merkwürdig waren, als seine Laufbahn, hatte in der Geschichte seines innern Menschen Erlebnisse, die eine trostlose Zerfallenheit mit sich und der Welt verschuldeten. Rahel's Briefe an ihn, aus dem J. 1831, sind Musterstücke weiblicher Regierungskunst. Und wie verschieden weiß sie hier zu helfen, zu rathen, zu retten und mit dem Leben zu versöhnen! Jeden in seiner eigensten Weise zu fassen und mitten in seiner Wüste, in

der er ſich verloren gibt, ihm die eigne Daſe aufzudecken,
das iſt unter den Künſten der Beredtſamkeit die ſchwerſte,
aber auch die eigentliche. Rahel kannte die Herzen,
die ſie liebte, in ihren kleinſten Faſern, wie ein Ana-
tom. Oft liebte ſie aus Erkenntniß und weil ſie
durchſchaute; oft hat ſie geliebt trotz der Klarheit ihres
durchdringenden Blickes. In dieſer letzten Beziehung
ſteht Rahel jetzt nicht mehr allein da, indem ſich ihr
die dritte jener Frauen, die dem Leben in der norddeut-
ſchen Reſidenz angehören, an die Seite ſtellt, und ſie
durch die ſtille Treue gegen ein einziges, unbezwingliches
Gemüth überflügelt. Auch Charlotte hat geliebt trotz
der durchdringenden Kraft eines leuchtenden Scharfblicks,
und zwar ein einziges Herz, und dies Eine heiß, innig,
bis zur Verwirrung treu. Dieſe Liebestreue, die bei-
ſpiellos iſt, war ihr Vergehen, denn ſie hat ſich ſelbſt
daran verloren, ein Höchſtes daran geſetzt, um ein Ge-
ringeres zu retten. Unter veränderten Verhältniſſen
hätte dies köſtliche Gemüth, dem ſich der Gott der
Liebe in einen Dämon des Todes verwandelte, bis auf
ein weit hinausgerücktes Ende ihrer Lebenstage in klei-

nern, nicht so glänzenden, aber nicht unwichtigern Kreisen
auf das segenvollste zu wirken vermocht. Wer die gei=
stige Bedeutsamkeit der deutschen Frauen versteht, wer
sie als das Bindemittel und als das anregende Princip
der Geister kennt, fühlt einen Nerv seines eigensten
Wesens durchschnitten, wenn ein Wesen solcher Art
früher, als es gesollt, endet. Man muß, um dies zu
fühlen, den geheimen Quellen nachgegangen sein, aus
denen deutsche Männer schöpften; um den Ertrag hin=
auszuführen an den lauten Tag der Literatur.

Rahel, die sonst als die Unglückliche dasteht, war
doch vom Glücke reich bekränzt zu nennen, wenn wir
bedenken, daß es ihr vergönnt gewesen, die Gemüther,
die sie geliebt, zu retten und zu beglücken. Und die
Saat ihrer Liebe wie ihrer Klugheit reifen zu sehen,
war der Triumph ihres Lebens. Daher die lichte Freu=
digkeit in manchem Momente, und die helle Lebenslust
dicht neben der Qual der irren Schmerzen. Ihre treue
Pflege, ihre süße Hingebung, ihre milde Weisheit im
Verhältniß zu Menschen war unverwüstlich. — Gegen
Menschen war sie gerechter, als gegen Bücher. Und

neben der Liebenswürdigkeit verrieth sie hierin auch die
Schwäche der weiblichen Natur, ihr Urtheil von persönlichen Eindrücken bestimmen zu lassen. Sie war
vielleicht niemals gegen einen Menschen dauernd ungerecht, während die Kritik ihrer Lecture fast immer von
dem Gesundheitszustande des Augenblicks bedingt erscheint.
Sie ist unter Anderm im Stande, ein Werk, wie
Tieck's „Dichterleben", als eine krankhafte Ausgeburt
von sich zu weisen und in derselben Stimmung ein
Uebungsstück des Dilettantismus als etwas Ungewöhnliches zu begrüßen. Hier muß jedoch füglich mein Bericht aufhören, weil er sich auf Unwesentliches beziehen
möchte, das nicht der Literatur anzugehören scheint, obwohl auch in dieser Hinsicht die Mittheilung von Rahel's Bekenntnissen höchst dankenswerth zu nennen ist,
damit unser Blick den vollen Umfang ihres Denkens
und Fühlens ermißt.

VI.

Charlotte Stieglitz.

Sie war eine sanfte stille Frau — und hat doch eine so furchtbare That gethan! Sie war kein irrer Dämon, der sich gewaltsam dem Schooße seiner Geburt entwindet, wild und grell ins Leben blickt und eben so krampfhaft sich von ihm losreißt. Es gibt solche unter Denen, die freiwillig endeten. Charlotte war ein liebliches, freudebringendes, friedenspendendes Bild der Wirklichkeit. Engel der Milde flüsterten im scheuen, leisen Hauche ihrer seelentiefen Stimme, wenn sie sprach; die Genien der Freundlichkeit machten sich ein Geschäft aus allem, was sie that; still waltend in ihrem Kreise war sie behutsam klug, besonnen klar; wie sie das Nächste und Kleinste faßte, ruhig und mit der kindlichen Inbrunst einer reinen keuschen Seele, so faßte sie auch das

Größte und Heiligste, Gott, Welt und Menschheit, und was sich noch wider ihr Wissen und Wollen als geheime Angst eines verschwiegenen Weh's in ihrem Busen barg, das verklärte sich in den Tönen ihres Gesanges zu einer Feier ihres ganzen schönen Daseins. Sie war eine wohlthuende, eine beglückende Erscheinung, aber sie schien auch zum eigenen Glücke des Lebens, zum tiefsten reinsten Seelenglück berufen, — — warum hat sie sich so blutig vom Angesicht der Erde weggewandt? — Das drängt sich so gewaltsam nah an einander, daß schon die Zunge, die so zu fragen wagt, erlahmen möchte, — um wie viel mehr nicht, wenn sie antworten soll.

Es war am ersten Januar des Jahres 1835, als man diese Blume der Frauenschöne, diese dunkelfarbene Rose der Weiblichkeit, die sich an ihrem eigenen Dorn verwundet, zu Grabe trug. Es war für Viele ein Neujahrsantritt seltener Art; er gehört mit zur Geschichte des berliner Gesellschaftslebens. Es war da eine Schaar Menschen beisammen, wie sie sich sonst nie wieder zu einander gesellten. Männer vom ver-

schiedensten Denken und Glauben drückten sich an dem
Orte, wo Charlotte freiwillig geendet hatte, mit ver-
hängten Blicken stumm die Hände, die sich nachher
nur feindselig im Leben begegneten. Es war eine
Mahnung über die Versammelten gekommen, die sich
Niemand deuten konnte, der am wenigsten, an den sie
vorzüglich ergangen war. Ein Geist der Betäubung
lag über der Versammlung, und nur ein Einziger fand
aus den unbestimmten Gefühlen, die die Brust Aller
durchwogten, ein Wort heraus, das sich wie Klarheit
ausnahm. Und dieser Einzige war der Mann im
schwarzen Talar, ein guter wackerer Mann, allgemein
geachtet und geehrt, eine fromme Andacht auf der Amts=
miene. Man sagte, dieser würdige Geistliche sei ein
Schüler Schleiermachers; aber man irrt sich wohl:
Schleiermacher und ein echter Schüler von ihm hätten
wohl nicht wie jener geredet. Und die Klarheit des
Mannes lief darauf hinaus, daß er sagte, es sei ihm
unklar, ob diese Todte, die sich mit eigener Hand die
Freuden ihres Blüthenlebens vernichtet, dermaleinst zu
Gnaden werde angenommen werden. Es hatte mich

immer bedünken wollen, daß einer die ganze Stufen=
leiter der Qual schon hinter sich haben müsse, ehe er
die Hand selbstmörderisch gegen sich waffnet, es däuchte
mir immer, daß der Eigenmord, dies unselige Be=

lebens, an sich selbst die bitterste Qual, die schärfste
Strafe sei, auf welche, weil das Maß erschöpft ist,
keine andere, die noch bitterer wäre, folgen könne; ich
lebte des Glaubens, daß solche Schreckensthat, wie Alles,
sich schon auf Erden rächt, auch an sich selbst schon
durch die Einbuße des unwiderbringlich verlorenen Le=
bens. Aber es gehört vielleicht mit zur christlichen
Weisheit, daß man nicht weiß, was Gott denkt, und
so that denn der fromme Geistliche, was seines Amtes
war — und er that es mit Milde und Demuth. Und
wir schlichen Alle gebückt, wie demüthig fromme Frage=
zeichen, auf die das Schicksal selbst die Antwort schul=
dig geblieben, in gedrängter Schaar durch die langen,
noch finstern Straßen Berlins hinter der Bahre her nach
dem Friedhofe des Herrn. Und die vielen Fragezeichen,
die doch wie lebendige, sich selbst Rede stehende Men=

schen aussahen, standen ruhig um die Gruft herum, und keines von den Vielen hatte den Muth, sich aufzurichten, daß es zum Ausrufungszeichen würde mit langem, gewaltigem Strich bis in den dunkeln schweigenden Himmel. Ich aber machte auf dem Hinzuge, als ich neben meinem armen tief verwundeten Freunde in der Wagenecke saß, meine stillen tröstlichen Betrachtungen. Ich sprach von dem Lieblingscapitel meiner thörichten Weisheit, ich sagte, wie doch bei allem, wo man nichts Rechtes zu sagen wisse, das Stillesein das Beste sei, und nannte dies dunkle Verhüllen der Wahrheit die Poesie des Schweigens. Und wie der Freund nichts davon hören wollte, bedachte ich im Stillen weiter bei mir selbst, wie wir doch in Deutschland seit dem Ende des vorigen Jahrhunderts um so gar viel fortgeschritten seien in der Cultur und Aufklärung unseres lieben Geistes. Als der junge Jerusalem aus Unmaß einer verworrenen Herzensqual sein Leben endete, da dichtete Goethe seinen Werther darauf. Nachdem er den Pistolenschuß beschrieben, wollte er auch vom Leichenbegängniß des jungen Werther erzählen, und da

mußte er mit den Worten endigen: „Kein Geistlicher
hat ihn begleitet." — Und siehe, zu unserer Verrich=
tung, die wir damals den ersten Januar 1835 datirten,
war doch ein Priester der Kirche gekommen, und als
wir mit dem bangen Schmerze der zerrissenen Seele
um die aufgeworfene Erde standen, da trat der Predi=
ger auf den Hügel und empfahl, laut betend, noch ein=
mal seinem himmlischen Vater die heimgegangene Seele,
damit sie nicht verloren werde.

Und doch war's bei all' dieser Leuchte der vorge=
schrittenen christlichen Milde eine sehr finstere Winter=
nacht, als wir die Todte begruben. Sie war ein edles,
frommes, keusches Weib gewesen, das konnte alle Welt
nicht anders sagen, aber sie war immer eine Selbstmörde=
rin. Und so durfte der helle Tag ihr Leichenbegängniß nicht
schauen, wir mußten sie bei Nacht und Nebel einschar=
ren. Aber es war nur Schade, daß der Zug Derer,
die da folgten, — angesehene, hochbegabte Männer aus
den verschiedensten Kreisen der Residenz, — sich sehr
weit hindehnte, und ehe Alle um die Gruft versammelt
waren, die Nacht mit ihrem Dunkel schon wich. Und

als wir noch gebückt in die Tiefe starrten, die die reinste
Hülle der edelsten Seele verschlang, da brach ein pur-
purfarbenes Morgenroth über die versammelte Menge
herein. Selbst die Rede des Priesters war schon im
Zwielicht gehalten, und das Zwielicht guckte sich die in
aller Dunkelheit vereinten Männer mit immer hellern
Augen an, und die Wangen des Himmels malten sich
immer röther über dem stummen schwarzen Menschen-
knäuel. — So wie es keinen Zufall gibt, in dem sich
nicht das Verhängniß oder die Gottesfügung verriethe,
so gibt es auch keine Natur, in der sich nicht der
Geist verkündete. Auch durch die Augen, aus denen
die Natur sieht, blickt uns der Geist entgegen. Ueder
die versammelte Menge aber kam es mit der Morgen-
röthe wie ein guter lichter Geist. Es waren gar zu
viele bei einander, daß sie, hätten sich im Leben des
Tages und der Wissenschaft ihre Stimmen auf einmal
erhoben, wohl leicht einen gelehrten Babylonsthurm
aufführen konnten. Aber ein Geist der Versöhnung durchzog die Gemüther. Und der Professor
Henrich Steffens, der auch am Grabe stand, ging hin

6 *

und umarmte den Dr. Theodor Mundt und küßte ihm
die Lippen mit dem Kuße des Friedens. Und Theodor
Mundt ließ sich küssen und ging still fort und hatte
später Zeit und Gelegenheit genug, über die Dauer und
die Wirkung eines zerweinten Friedenskusses ernsthafte
Betrachtungen anzustellen.

In dem „Denkmale", das von Charlottens Leben
ein so tief und einfach schönes Seelengemälde gibt, ist
über diese Leichenfeier zu berichten vergessen, und mich
dünkt, zu einer vollständigen Biographie gehöre auch
die Darstellung der letzten Ehrenbezeigung. Gehört
doch die Art und Weise, wie man einen Todten be=
stattet, mit zur Geschichte der menschlichen Gesellschaft.
Das „Denkmal" gibt uns statt der Beerdigungsscene
zum Schlusse einige zerstückelte Worte des tiefsten
Schmerzes, und diese sind freilich auch mehr werth, als
aller zusammenhängender Geschichtsbericht. Ich habe
diesen Beitrag zu Charlottens Geschichte sine ira et
studio geben wollen, weil ich nichts Besseres zu geben
vermag, und kehre nun zu der Frage zurück, die ich
hier zu Anfang stellte, und die sich aus dem Denkmale

nur für den erörtert, der zwischen den Zeilen zu lesen versteht. Zwischen den Zeilen liest nun freilich Jeder nach Gutdünken, wie er mag und kann, und es hat seit dem Erscheinen des Buches Mancher laut und im Stillen, im guten und im bösen Sinne sich auf die Frage seine Antwort gesucht.

Charlotte verrieth schon als Kind ein eigenthümlich sinnendes und suchendes Gemüth. Ein besonderer Hang, etwas außer sich und über sich zu wissen, dem sie die liebsten Blüthen ihres Lebens und die ganze Fülle ihrer tiefsten Liebe zu eigen geben könne, machte sich schon in ihren frühesten Tagen, in der ersten Entwickelungsepoche ihres Geistes geltend. Es gibt eine Gottesliebe, in der die menschliche Seele sich und die Welt vergißt, um über die Schöpfung hinaus nach dem Schöpfer die verlangenden Arme auszustrecken. Wir nennen diesen Gemüthsdrang Pietismus. Edel in seinem Keime, ist nur seine Ausartung ein finsterer Wahn. Als Anregung von außen kam in Charlottens früher Jugend der Religionsunterricht eines dieser Richtung ergebenen Mannes dazu, um ihr Gemüth zu die-

ser Lebensentsagung zu befähigen. Ihr Geist war viel
zu reich und lebensfrisch, um hier länger eine dauernde
Befriedigung zu finden, aber es war doch schon mitten
unter den Blüthenträumen des jugendlichen Sinnes
der namenlose Reiz empfunden, sich und das Leben hin=
zugeben, um ein der Ahnung nach Tieferes zu erfassen..
Die Gefahr, sich in mystischer Schwärmerei wohlzuge=
fallen und die Aufgaben des Lebens ungelöst zu lassen,
konnte nur eine vorübergehende sein; die Knospen ihrer
reichen Geisteskraft strebten einer heitern Wirklichkeit
entgegen; sie war zum schönsten Dasein berufen. Nur
wer die Kraft hat, das Leben zu mißachten, faßt auch
dessen tiefere Bedeutnng, so wie der Krieger, der dem
Tod ins Angesicht blickte, auch mit dem kleinsten Tro=
pfen vom Schaum der Freude geizt.

Das Mädchen erwuchs zur Jungfrau. Eine gei=
stige Welt voller Wünsche und Genüsse eröffnete sich
ihr, Musik und Poesie füllten ihr ewig sinnendes und
suchendes Gemüth, dem nur noch der bestimmte Gegen=
stand für ein überschwengliches Gefühl der Hinneigung
fehlte, bis Alles, was sie geahnt, geträumt, gedacht

und gewünscht, sich in der Liebe zu einem Poeten mit
aller Macht der innersten Aufregung zusammendrängte.
Die Zeit, wo sie sich als Dichterbraut fühlte, war die
goldene ihres Lebens. Ein lachender blauer Himmel,
wölbte sich die Zukunft über ihre mannichfach bedrückte
Gegenwart, alle ihre Pulse schlugen dem großen Augenblicke, wo sie Frau eines Dichters werden sollte, mit
Jubelkraft entgegen. Ein Dichter erschien ihrer mäd-
chenhaft berauschten Phantasie wie ein benedeites Wesen, sein Weib zu sein galt ihr für den höchsten Triumph.
Da war sie nicht blos an die Alltäglichkeit des weiblichen Berufs gewiesen; da konnte sie Theil haben am
Tiefsten und Schönsten, sie durfte das Große, das eine
Göttin dem Manne bescheert, ihr halbes Eigenthum
nennen, sie konnte die Blumen seines Geistes warten
und pflegen. Daß sie auch Unkraut zu jähten habe,
machte ihr diese poetische Ehepflicht nur noch wichtiger;
daß ein giftiges Schlingkraut im Musengarten eines
deutschen Poeten alle die gehofften goldenen Früchte
überwuchern, alle die geträumten Freuden ersticken könne,
dachte sie damals noch nicht. Auch die Mühsal einer

deutschen Dichterehe erschien ihr im Lichte eines verklär=
ten Märtyrerthums. Sie hatte sich mit ihrem Wollen
und Wünschen in Jean Paul eingelebt; ein Besuch in
Baireuth, den sie als Mädchen gemacht, hatte sie nur
noch mehr darin verfestigt, all' ihr Sinnen und Denken
in die geistige Ueberschwenglichkeit eines geheiligten
Dichterlebens einzutauchen. Ihrem Heinrich eine Jean=
Paul'sche Lene zu sein, mochte ihrem fröhlichen Mäd=
chensinne wie ein glänzendes Ziel vorschweben; —
und doch sollte sie mehr als Lenchen werden, ihre gei=
stige Gewalt drängte sie maßlos weiter, sie wollte ihrem
Dichter, den eine geistige Nacht verhüllte, auch ein hel=
fender Engel sein, der die lange genug geschwungene
Friedenspalme aus der Hand legte und zum flammen=
den Schwerte griff, um zu lösen und zu retten, —
nur daß sie, um den Dämon des Wahnsinns zu be=
zwingen, das flammende Schwert gegen den eignen
schuldlosen Busen kehrte! Das sollte das Verhängniß
Charlottens werden, daß sie, um die Verworrenheit des
Geistes zu lösen und zu sühnen, ihr selbst den Tribut
zollte. Schon damals zog in ihre heißesten Morgen=

träume vom ersehnten Glück des dichterischen Ehelebens wie ein leiser dunkler Nachtgedanke der Entschluß, sich zum Heil des Geliebten zu opfern, damit er, um nicht ihretwillen an die Scholle der Nothdurft gebunden zu sein, frei bleibe mit seinem Dichten und Fühlen. Heinrich war ein deutscher Dichter; um sich einen Heerd zu bauen, wurde er auch ein deutscher Schullehrer. Das schien dem verzückten Mädchen schon ein harter Eingriff in die Rechte der freien Kunst; ein Dichter, der geweihte Liebling der Musen, sollte nur mit Göttern und Genien verkehren, er sollte mit seiner unsterblichen Seele nicht der Werkelthätigkeit des bürgerlich=gelehrten Berufs verfallen, und um diese Nothwendigkeit des alltäglichen Menschenlooses aufzuheben, reifte in ihrem jungfräulichen Heldenmuthe der Plan, ihren Dichter von sich zu befreien, und ihm ein eheliches Band, das jetzt wie eine Hemmung für die tiefere, rein poetische Entwickelung erschien, unmöglich zu machen. Sie wollte sich aus Liebe zu ihm zu Tode fasten, sie wollte, wenn nur er und in ihm die Dichtkunst weiter blühten, gern der feuchte Thränenthau sein, der eine dürre Erd=

stelle um seinen Lebensbaum tränkte. Das ist, wie unser „Denkmal" sagt, die frühe dunkle Stelle ihres Lebens, von der sie später, als sie dem Lichte einer versöhnlichen Zukunft entgegenlachte, nicht gern mehr sprach. Es war auch nur ein unbewußter Morgentraum, ein zerflatternder Wolkenstreif an ihrem jugendlichen Himmel; — nur daß ein Morgentraum oft genug dem noch schlafumhüllten Geiste eine ungerufene Mahnung an die Zukunft und ein widerwilliger Prophet wird! Ist doch auch der Morgentraum mein eigen, wie meine ganze Wirklichkeit. In deinem ersten Jugendrausche, im Wahne deiner Kindheit liegt dein ganzer Mensch mit seinem ganzen Schicksale verhüllt. Was der jugendlichen Seele wie ein kindisches Gelüst entsteigt, darnach greift der spätere Mensch doch immer wieder mit der Kraft des Bewußtseins. Es klang wie kindisch, daß sich das Mädchen Charlotte so schnell vom Dasein lösen wolle, und ihr späteres Leben bot der schönsten Freuden so manche; aber in ihren lichten-Memnonsklängen war doch einmal jener dunkle Ton mit angetönt, obwohl ihn damals noch die frische Morgenluft verschlang.

Charlottens Entschluß war verflogen wie ein Nacht=
gesicht; die so leicht lösbare Psyche sollte erst des Lebens
Wirklichkeit durchschmecken, um es ganz zu fühlen, was
es sagen will, sich vom Schooße der Mutter Erde und
allen ihren Hoffnungen gewaltsam loszureißen; sie sollte
erst verzweifeln lernen, ehe sie in den Tod ging. —

Es hatte sich mit Heinrich Alles ganz leidlich ge=
staltet; auch war er kein Mann darnach, dem äußeres
Ungemach zu tragen beschieden; sein Leiden konnte nur
sein ringender Geist sich schaffen. Der Bräutigam er=
schien zum Hochzeitstage. Charlottens Poet war ein
gequälter Bibliothekar und ein gepeinigter Gymnasial=
lehrer geworden, und obwohl er glühend heiß dichtete,
und in die Flamme des Orients alle seine Liebe und
sein eigenes Feuer hinübertrug, so sah er doch darnach
aus, daß man sagen konnte: siehe, ein deutscher Dichter
soll nicht blos Dichter, er soll auch Schullehrer sein
und Büchertitel revidiren. Was noch sonst von seinem
Herzen übrig blieb, schwärmte nomadenhaft im weiten
Oriente, und so saß er mit der abgestandenen Geschäfts=
miene neben der glühenden Dichterbraut und blickte drein

wie ein vom Werkeltag des Lebens Ermüdeter. Und
so saßen sie einander stumm und kalt im Wagen gegen=
über, der sie am andern Morgen in die Ferne trug.

Das war Charlottens erste Herzenserstarrung vor
der Wirklichkeit; das waren die Flitterwochen ihrer Ehe,
aus der ein sogenannter geistreicher Umgang wurde.
Charlottens Liebe, aller Ergänzung in engster Nähe
beraubt, sollte eine hohe, geistig verzehrende, sentimen=
tale bleiben.

Charlotte mußte bald erbangen, daß sie einem Poe=
ten zu eigen geworden; daß sie Frau geworden, daran
dachte sie nicht mehr, oder hat es nie erfahren. Der
blühende Kranz der mädchenhaften Hoffnungen war
plötzlich gewelkt, die Wünsche der Braut band sie wie
verbleichende Gedächtnißblumen still zusammen und ver=
grub das Bündel in ihre tiefste Herzenskammer. Das
war schon ein furchtbares Opfer, eine gefahrdrohende
Resignation. Aber ihre liebliche Demuth nahm das
Kreuz auf sich und trug alle ihre eigenen Freuden zu
Grabe. Das schien ihr recht und gehörig, that und
litt sie doch alles gern zum Heil dessen, den sie liebte,

zum Heil der Poesie in ihrem Dichter, der, gegen sich selbst grausam, sich das Gehirn mit weltweiten Schöpfungsplänen zerdehnte. Freilich mußte es ihrem zarten Sinne bald seltsam däuchten, daß ihr Dichter im fernen Orient mit Bülbül koste und die nahe Liebe, die sich wie tausendhändig um ihn geschäftig zeigte, kaum blühen sah, daß seine Gedanken den Baschkiren durch die Wüste nachliefen, daß er den Polen und Griechen ihre Freiheit, den Russen ihre Natureinfalt, den alten Parsen ihre Religion, den Schamanen ihren Wahnwitz, den Tschutschken ihre Grillen ablauschte, daß er das Alles zu Gedichten verwob, und doch für das unendlich tiefere Herz, das sich mit aller seiner Religion, Freiheit, Liebe, und mit der süßesten Sehnsucht an seinen Busen schmiegte, nicht die rechte Sprache fand, die diesen Reichthum einer seltnen Seele ermaß und erschöpfte.

In dem „Denkmal" hat ein feinfühlender, aber schmerzlich behutsamer Sinn auch die stillglücklichen Momente dieser Frau, ihre spielende Scherzhaftigkeit und ihre vergnügliche Lust am Leben belauscht. Das ist das Erschütternde an der ganzen Erscheinung, daß dies

Gemüth zum schönsten reinsten Glück befähigt schien, und sich doch so blutig und unheilvoll vom heiligen Angesicht der Erde abwenden mußte. Hätte sich ihr ganzes Selbst nicht so völlig aufgelöst in hingebender Liebe, — ein Stückchen Egoismus in diesen reinen Lebensstrom: — und sie hätte sich der Welt erhalten.

Das echte Weib kennt das nicht, was man Egoismus nennt. Das Wesen der Weiblichkeit liegt eben darin, nicht sich selbst zu wollen, sondern ein Anderes, das sie höher als sich erachten muß, von dem sie sich geistig tragen läßt, und dem sie dafür die ganze Fülle ihrer tiefsten Seele rücksichtslos hingibt. Das weibliche Gemüth verlangt immer einen Hintergrund, vor dem es sich auf das Proscenium der Lebensbühne hinauswagt; die weibliche Seele muß glauben, sie muß wissen, daß ein schützender Mantel sich um ihr Dasein breitet. So hatte sich auch Rahel dies Bild von der Liebe Gottes gemacht, die sie sich wie einen himmelweiten Mantel um ihr Leben dachte, während sie auf der Saumecke still hingekauert lag, ein demüthig hoffend, ein fromm vergnügtes Kind. Rahel war weniger zu Men-

schen, weit mehr im Verhältnisse zu Gott eine echt
weibliche Natur. In der gläubigen Zuversicht, in der
unbegrenzten Hingebung lag ihre religiöse Weiblichkeit.
Der Mann ist auch in der Religiosität ein Wesen an=
derer Art. Er hat mehr eine Frage frei an das Schick=
sal, an Gott, Himmel und Hölle; der Dämon forschen=
der Begier ist sein Lebenssinn. Und für diese Verwe=
genheit, für diese titanische Sünde straft ihn selten das
Geschick. In der Brust wühlen ihm die Gedanken des
bösen Princips, und sie wird ihm nicht zertrümmert;
sein Verstand wird durch Zweifel gottesläugnerisch, und
erhält sich doch lebendig und thätig für Zeit und Ge=
genwart; seine Stirn, die er keck erhebt, zerschmettert
kein Blitzstrahl des gerechten Himmels. Der Mann,
das lehrt der Tag, kann leben ohne Liebe, ohne Hei=
ligkeit, ohne Gottesbewußtsein; er kann in der Härte
seines Naturells alles fortspotten, was das Dasein gei=
stig bindet, und doch in seinem werkelthätigen Beruf
ein brauchbares Glied der Gesellschaft sein. Wo das
Weib längst allen Werth verloren, kann der Mann
noch Geltung haben; das bringt der Zustand des socialen

Lebens, der Zuschnitt unserer Praxis, die Natur beider Geschlechter mit sich. Das Weib ist ohne Liebe, ohne Gottesbewußtsein, ohne stille Sättigung der liebsten Herzenswünsche — ein Nichts. Nimm der weiblichen Seele ihren Glauben und du tödtest sie, entreiß ihr die geistigen Stützen in der Liebe zum Gatten, zum Kinde — du hast ein schwankendes, zerbrechliches Rohr, das ein zufälliger Windhauch vernichtet. Nur der Mann geht aus Selbstverschuldung unter. Er, mit dem erfinderischen Verstande, weiß Mittel, sich eine zweite Welt zu bauen, wenn ihm die erste in Trüm= mern sank, er hat, im Nothfall, Unredlichkeit genug, sich mit einer schlechtern zu begnügen. Der Mann weiß viel Auskunftsmittel, er findet bald Entschädigung von irgend welcher Art. Das Herz des Mannes ver= blutet selten an einer Wunde, ein weibliches selten nicht. Nur ein Weib kann sich zu Tode lieben.

Das ist die schöne, aber auch gefährliche Unselbst= ständigkeit der weiblichen Natur, daß sie ohne Zuver= sicht zu einem geliebten Wesen nicht sein und leben kann. Man sage nicht, daß das Streben des Weibes

vorzugsweise dahin gehe, geliebt zu werden. Das co=
quette Weib ist nur eine Abart ihres Geschlechtes. Im
Naturell des Mannes vielmehr liegt es und mag es.
begreiflich gefunden werden, daß er liebt, um gelebt zu
werden, während das echte Weib nur um deswillen
geliebt sein will, um zu wissen, wen es liebt, um es
zu fühlen, wohin der sonst ziellos herumzitternde Her=
zensdrang führt.

Charlotte war eine so reich begabte Natur, daß sie
fast mit männlicher Geisteskraft die Poesie zum Ge=
genstande aller ihrer Wünsche, Liebe und Achtung hätte
machen können. Und doch war das Weib in ihr vor=
herrschend; ihr allezeit reger, forschender Geist war doch
nur eine anempfindende, hingegebene Liebe. Sie be=
durfte der Person, um die Sache zu erfassen. Ihre
Theilnahme an dem, was sich im Völkerleben bewegte,
war nur um deswillen gespannt, weil sie Personen
ihrer Liebe in diesen fluthenden Gedankenwogen der
Zeit sich auf= und abbewegen sah. Ihr Verkehr mit
der Poesie war ihr zur Lebenstemperatur geworden, weil
sie den Mann, der ein ungeheures Streben in seiner

Bruſt trug, in der Werkſtätte ſeines Dichtens belau-
ſchen konnte. Da war ſie denn ſcheinbar dieneriſch und
doch unglaublich kräftigend und leitend, um bald die
auflodernden Flammen, die ſich in jäher Haſt zetſchlu-
gen, ſanft und ſtill zu behüten, bald die erlöſchenden
Funken in der Aſche troſtloſer Ermattung wieder anzu-
blaſen mit dem Hauche der ſüßeſten Freundlichkeit.
Immer ſorgſam klug, immer behäbig wohlthuend, immer leiſe und doch mächtig anſpornend, war ſie als hel-
fender Genius die eigentliche Schöpferin mancher Lieder, die Heinrich Stieglitz ſchrieb. Kleiner Gedichte,
wie des unſäglich zarten: „Stumme Liebe", nicht zu
gedenken, war ſchon im erſten Bande der „Bilder des
Orients" eine Partie von ihrer Hand („Maiſuna" S.
143 — 145.), und in der Tragödie: „Selim III."
hat ſie die zweite Scene des dritten zwiſchen dem Arzte
und der Walide Sultana gedichtet.

Charlotte war Heinrichs guter Genius. — Und
der gute Genius konnte ihn verlaſſen, um ihn von
ſeinem Dämon zu befreien? — Ehe ſie in irrer Verzweiflung über ſich und ihn das Letzte wagte, hat ſie

sich bis zur Todesqual abgemüht, um den Dichter zu retten und seine geistige Wiedergeburt zu vermitteln.

Heinrich erkrankte innerlich und äußerlich. Sein Wesen schien in einem Zwiespalt zwischen Geist und Körper, zwischen Wöllen und Können, Imaginiren und Verwirklichen rettungslos gefangen zu liegen. Auf die himmelstürmenden Anläufe, die seine Muse nahm, wollte kein gleich großes Dichterwerk folgen. Auf die Ungeheuerlichkeit der Entwürfe stellte sich eine Abspannung der schaffenden Kraft, eine hypochondrische Zerknirschung und ein Verzagen bis zur Geistesdumpfheit ein. Innerlich wund, körperlich gehemmt bis zur Erlahmung der ganzen Physis, hielt er seine dichterischen Organe in fortwährender Spannung. Oft hatten die ermüdenden Geschäfte seines äußern Berufes seine Kräfte völlig verzehrt, und wenn trotzdem seine Phantasie unausgesetzt zu schaffen fortfuhr, war von seinen geistigen Functionen nur noch das Temperament übrig; manche seiner Dichtungen hat weder sein Geist, noch sein Verstand, noch sein Herz, nur die gährende Woge seines stürmischen Blutes gedichtet. In diesem Bezuge sagte

Charlotte zu ihm mit der Klugheit ihres milden We=
sens: „Das Temperament darf nicht den Menschen
spielen; sonst, mag die Perspective noch so tief sein,
kannst Du nicht klar herausschauen, und die Welt spie=
gelt sich nicht klar in Dir." Anfangs, als der Dichter
innerlich erkrankte, mochte sie glauben, in diesen Wehen
gebäre sich eine neue Richtung seiner Poesie, und ohne
Tribut an die untern Götter könne es nicht abgehen,
es müsse gelitten und geduldet sein, um des neuen Göt=
terkindes willen, mit dem das Gehirn dieses armen
tiefkranken Poeten schwanger ging. Und so glaubte
sie's denn mittragen zu müssen und litt alle Unbill mit,
— eine echte Dichterfrau, wie sie die Sonne der Welt
nie sah in gleicher Gestalt. Nach und nach drohte
Heinrich's Krankheit immer mehr in bestimmten Wahn=
sinn auszubrechen; in Allem verriethen sich die sichersten
Symptome dazu. Die weibliche Natur hat vor Wahnsin=
nigen überhaupt eine große Scheu, und wenn er zu
greller Wildheit die Züge des Geliebten verzerrte, war
die Wirkung auf Frauen nicht selten eine lebensgefähr=
liche. Bei dem allen war noch immer Charlottens

kluge Sorge wach, ihre Liebe schien an Mitteln der
Beschwichtigung unerschöpflich. Ein weniger geistes-
starkes Wesen wäre bei der rastlosen Pflege des wahnsinnig werdenden Gatten mit irre geworden, wie derselbe Ort, der zum Schauplatze des entsetzlichen Ereig-
nisses wurde, auch ein Beispiel dieser Art in einer Dichterehe aufzeigt, das der Stille der Verschwiegenheit an-
heimgegeben bleibe. Es lebte dort noch kürzlich ein in
ganz verschiedener Weise geistig wie physisch verzärtelter
Dichter, der eine empfindsame Kränklichkeit für den
süßesten Reiz poetischer Naturen hielt. In der bangen
Sorge um sein hinsiechendes und im Hinsiechen sich
doch wohlgefallendes Leben ward sein pflegelustiges Weib
langsam irre, bis eine physische Krisis in ihrer eigenen
Natur den Zwiespalt ihrer Seele löste, und sie wieder
gesunden ließ.

Charlotte war von zu kräftiger Geistesart, um eine
unsichere Lösung des verworrenen Knotens über sich her-
einbrechen zu lassen; sie wollte — und das war das
Verwegene dieser Frau — ihr und des Gatten Schicksal selber lenken. Der Plan ward dazu entworfen in

der Verzweiflung der Seelenangst, er ward bei Seite gesetzt, sobald sich wieder ein Lichtblick der Rettung durch das Dunkel schlich, er ward endlich ausgeführt mit der Ruhe einer römischen Seelengröße. Warum hat kein Dichter bis jetzt den Faust durch Selbstmord enden lassen! Goethe führt in der Ostermorgenstunde diesen Nachtgedanken nur leise vorüber, ein einziger Klang aus seiner Jugendwelt rettet seinen Helden. Faust scheint nicht den Muth zu haben, mit einem kecken Griffe gegen sich selbst den Vorhang plötzlich zu zereißen, hinter dem sich ihm das ersehnte ewige Jenseits birgt, wo sich alle Wirren des Erdendaseins lösen. Hier hat ein zartes schwaches Weib diesen Eingriff in Gottes Schöpfung, in die blühende Schöpfung ihres eigenen schönen Lebens, gethan. Und alles das geschah aus Liebe zum Gatten. Die Liebe hatte sich ausgebeutet, sie war arm geworden an Mitteln und Versuchen, darum gab sie sich selbst hin durch den Tod.

Es liegt in der Liebe eine namenlos zitternde Angst, die sich nur in der Befriedigung stillt, nur in der Gegenliebe ihr Gleichgewicht behauptet. Verrücke der

Magnetnadel den Pol, und du siehst sie irre und ziellos auf der gefährlichen Spitze schweben, nimmer ruhend, nimmer still, sie müßte denn an ihrer eigenen Axe zerbrechen. Heinrich's unsägliches Dichterweh, sein riesenhaftes, ihm selbst grotesk erscheinendes Ergreifen der höchsten Aufgaben der Kunst und sein zeitweise immer wiederkehrendes Erlahmen, diese Qual in der Schwebe zwischen himmelhohem Poetenflug und ohnmächtiger, durch physische Hinfälligkeit bedingter Verzagtheit, diese Verworrenheit einer dichterisch ringenden Psyche, dieser deutsche Poetenjammer hat das Weib getödtet. Es trägt hier Niemand die Schuld; der Wurf des Geschicks hat hier verschuldet, worüber kein menschliches Gericht stattfindet. Es war für den Dichter ein Ereigniß, nur für sein Weib eine That.

Und doch pflegt sich in Thatentschlüsse dieser Art ein dunkles Etwas zu mischen, das wie eine unbewußte Nöthigung sich geltend gemacht. Auch die heldische Unternehmung des Kriegers, auch die Entzückung, in der das dichterische Talent seine großen Entwürfe macht, unterliegt den Einflüssen einer geheimen, unbesieglichen

Gewalt, welche die scheinbar freiesten Regungen der sin=
nenden und klügelnden Vernunft unerklärlich leitet. In
solchen Momenten höchster Erregung, wo sich der Geist
in seiner Schöpfermacht erweist, hat auch die Physis
des Menschen eine lautere Sprache als sonst, und drängt
sich als mitschaffende Macht in die Werkstatt der den=
kenden Vernunft, so daß das freieste Product des Be=
wußtseins oft am sichersten die Spuren der momentanen
Körperaffection und Nervenstimmung an sich trägt.
Das geheime Gelüst, in den Tod zu gehen, noch ehe
das Geschick den Stillstand der Pulse gebietet, ist auch
körperlich bedingt; die Auflösungslust, die der Geist ver=
spürt, hat auch ihren Grund in dem Proceß des leid=
lichen Organismus. Kennt man doch den Selbstmord
auch als Familiendämon. Nimm dir die Sternenklar=
heit vom heiligen Himmel, bette dich auf ewige Früh=
lingsblumen, waffne dich mit allen Gründen der Ver=
nunft, kniee deine Füße wund im Gebete Tag und
Nacht: auch in deine lichtesten Stunden, in deine culti=
virteste Heiterkeit, auch in deine Gebete stiehlt sich die
fordernde und mahnende Stimme deines Blutes und

deines angebornen Naturells, das du unbewußt wie ein stilles Verhängniß mit dir herumträgst, bis sich irgend= wie der Knoten deines Menschenlebens auf ungeahnte Weise löst.

In welchem Grade bei Charlotten der leibliche Or= ganismus zu ihrem Entschlusse, freiwillig zu enden, sich gestimmt zeigte, inwieweit zu der geistigen Sehnsucht, sich in die Allgemeinheit Gottes aufzulösen, eine phy= sische Nöthigung sich unbewußt gesellte, läßt sich, wie bei allen Fällen, auch hier nicht so leicht ermitteln; daß die letztere aber vorhanden war, leidet keinen Zweifel. Charlotte war körperlich tief erkrankt. Ihre leiblichen Organe waren von der gereizten Spannung der geisti= gen, die allein nur ihre Befriedigung suchten und er= strebten, langsam, aber sicher ergriffen; ihr Leib war mit ihrer Seele, die sich in den Versuchen, den Gatten zu retten, erschöpft hatte, sichtbar hinfällig geworden. Wo war der Hauch der Liebe, der dies hinzitternde Leben neu beseelte? Wo die sorgsame Hand, die diese zer= knickte Blume an eine gesunde Stütze festete? Hemrich wußte kaum, daß noch Jemand außer ihm leiden könne,

Kühne Charaktere. I.

so sehr war er mit den Augen des Geistes in sich selbst
versenkt. Nur bei der drohenden Auflösung ihres leib=
lichen Naturells konnte in der Seele dieser Frau das
alte Gelüst, das sie früher leise beschlichen, unabweislich
mächtig werden. War sie doch nun nicht mehr das
frisch=blühende Mädchen, deren leichtgeflügelte Psyche
den dunkeln Todesgedanken, der sie früher nur wie ein
gelinder Nachtthau befiel, eben so schnell von ihren
Schwingen abschüttelte. Sie hatte keine irdische Zu=
kunft mehr, an Lebensaussicht bot sich nur ein klägliches
Hinsiechen neben einem Gatten, zu dem ihre Liebe An=
fangs eine namenlos zitternde Angst, nach und nach
eine lähmende Qual geworden war.

Bei alle dem blieb ihr heller Verstand unbestechlich
wach; sie wollte nicht überrascht, nicht getäuscht sein,
eher sich selbst und die Andern täuschen. Wunderbar
genug, daß die Liebe, wenn sie sich an Gefühlen aus=
gebeutet hat, noch erfinderisch ist im Denken, Grübeln
und Erlisten. Sie wollte nun einmal den Mann ret=
ten, dem sie vor Gott und Welt für alle Ewigkeit zu
eigen gegeben war; alle Umstände sollten sich, so schien

es, vereinigen, um der ehelichen Pflicht einmal durch
Blut und Todesqual einen seltenen Triumph zu gönnen.
Die Bande der Ehe waren in keiner Zeit in Deutsch=
land so auflösbar wie in der jetzigen. Dies drängt sich,
wie mich dünkt, als ein Factum des Tages auf. Nimmt
man dazu die Idee von der freien Selbstständigkeit des
Weibes, die in der germanischen Welt mit Rahel auf=
kam, in Frankreich systematisch in eine weltliche Reli=
gion sich ausbildete, so stellt es sich als ein fast mär=
chenhaft erscheinendes Ereigniß hin, daß in unserer Zeit
ein Weib den Opfertod für den Gatten erwählt, nach=
dem ihre Liebe zu ihm sich an Rettungsmitteln verarmt
fühlte. Was will das Geschwätz der Menschen bedeu=
ten: die Gesinnung dieser Frau habe unter den Ein=
flüssen einer gewissen Schule der Zeit gestanden! Man
könnte weit eher sagen, in ihrer That habe sich die ehe=
liche Treue bis zum Aeußersten verirrt. Für eine große
Idee will ich mich opfern, für den Geist meiner Zeit
zum Märtyrer werden, für mein Vaterland willig in
den Tod gehen: — für einen Menschen nicht, denn ich
achte mich so hoch als ihn: Seele für Seele, Leben

7 *

für Leben, ist ein Einsatz, den nur das Weib zu
thun vermag, nur eine Mutter, die dem Kinde die
giftgeschwollene Schlangenwunde aussaugt, um sich zu
tödten, damit das Geliebte gerettet sei. Charlottens
Liebe grenzt an die Treue der indischen Frauen, die ruhig in die Flammen steigen, sobald sie den Gatten todt
wissen.

Ich sagte, die weibliche Liebe, die an Gefühlen sich
ausgebeutet hat, bleibt noch erfinderisch im klügelnden
Verstande. Es liegt eine seltsame Sophistik in der
Gedankenverbindung, aus der Charlottens Entschluß,
zu sterben, hervorging. Man weiß, daß Halbwahn=
sinnige durch einen Schreck, der plötzlich ihre Nerven
durchschüttelt, wie ein Nachtwandler, den man beim
Namen anruft, zur Besinnung kommen. Charlottens
Klugheit war für das Leben erschöpft: sie wagte diesen
letzten Rettungsversuch durch den Tod. Hätte sich die
Erde unter ihren Füßen still geöffnet, um sie spurlos zu
verschlingen, so hätte sie erreicht, was sie wollte. Hein=
rich sollte erbeben, wenn er sich plötzlich allein sah in
der Welt, der ungeheure Verlust sollte ihm die Augen

öffnen über das, was er besessen, die Verworrenheit seines Gemüthes über ein nur halb wahres Unglück seiner eigenen Natur sollte der Schmerz über eine furchtbare Wirklichkeit verdrängen. So nur glaubte sie das Mittel gefunden zu haben, seinen Dämon zu bändigen und sein herumirrendes Gemüth in sich selbst zu sammeln. Mit zartem Finger hatte sie bisher an das Grab seiner Brust geklopft, sie hatte ihn gerufen mit der flüsternden Stimme der scheuen Liebe: und es war kein lebendiger lichter Geist aus der Gruft gestiegen, seine Gedanken wühlten sich immer tiefer in den feuchten Moder. Nun sollte die Faust des Schicksals anpochen und die lähmenden Bande der Verdumpfung lösen.

Dazu kam dann Heinrich's Traum, den er zehn Tage vor ihrem Tode gehabt. Ihm träumte, sie wäre vor seinen Füßen in den Strom gestürzt und er habe die rettende Hand nicht nach ihr auszustrecken vermocht; der Schmerz, sie verloren zu haben, sei aber schnell von dem Gefühle, nun frei zu sein in aller Welt, verschlungen, und das Bewußtsein der Freiheit habe ihn wie ein neuer Morgenglanz durchleuchtet. Diesen Traum

erzählte er ihr wie Alles und Jedes, seine Harmlosig=
keit hatte kein Hehl vor ihr, und in die Traumge=
spinnste seines verworrenen Blutumlaufes verwob sich
nun ihr klarer Sinn. Von nun an reiste ihr Plan
unauflöslich fest. Andere Anlässe kommen als Neben=
bezüge kaum in Betracht.

Ein ewiges Planmachen für die Zukunft, ein angst=
beklommenes Hinübergreifen aus dem Nahen und Ge=
genwärtigen nach weit Entlegenem, war wohl überhaupt
für Beide ein trostloser Nothbehelf für ihr geistig im=
merfort bedrohtes Zusammenleben. Bald will man
sich mit Aufgeben der Stellung in der Residenz in ein
enges Bergstädtchen flüchten, man will auf den Um=
gang der vertrautesten Freunde verzichten, um sich mit
einer Hamletsschwermuth, die von einer Nußschale sich
umschlossen wünscht, in alle Stille zu verkriechen. Bald
will man Deutschland preisgeben und sich in Rußland
niederlassen, um aus der Sehnsucht nach der Heimath
deutsche Gedichte zu weben. So griff Heinrich mit
lärmendem Gedankenspiel immer excentrisch in die Weite
hinaus und wußte die eigentliche Stille für die Werk=

statt des Geistes nicht zu finden. Aber das Unglück
lag für ihn weder an Berlin, noch an Deutschland und
den Zerwürfnissen der Zeitstimmung. Diesem Stoffe
blieb Heinrichs Muse so ziemlich fern; sein Un=
glück lag isolirt in ihm selbst. Ihm hätte ein fesselloser
Ausspruch seiner innern Nachtgefühle Noth gethan; aber
um, wie Byron, dem Dämon in Sang und Klang
einmal vollauf Genüge zu thun, um der Mänade seiner
verhüllten Dunkelheit in einem gewaltsamen Dichter=
ergusse den Zügel schießen zu lassen, davon hielt ihn
wieder eine befangene, ethisch prüde Grundstimmung
seines Wesens ab. Nur dann und wann brach sich
eine Gewaltpoesie und der Todeskrampf seiner Verwor=
renheit in einzelnen Tönen Bahn, aber er konnte kein
ganzes, großes Werk voll dämonischer Finsterniß schaf=
fen, er kam nicht darauf, mit einer Dichtung einmal
seinen ganzen innern Menschen von sich zu schleudern.
Er fürchtete, in einem solchen Rettungswerke unschön
zu werden, und so behielt er sein Weh in Summa zurück,
und das ganze, unorganisch in ihm gährende Elend
seines Naturells warf sich auf sein menschliches Ver=

hältniß, auf sein verhülltes Gemüth, auf sein Studen=
leben, — auf sein Weib.

Mit den zartesten Fittichen der Liebe kam sie nun
an und wollte ihm das Nachtgeflügel des irren Unglücks
von den Schläfen scheuchen; gerungen hat sie sich die
Hände wund, um Heinrichs Dämon, den er in seinen
Gedichten nicht los werden konnte, zu bezähmen, ge=
betet hat sie lange Nächte, gedacht, geklügelt, gebangt
die längsten Tage hindurch, wenn Heinrich wie ein
Verfehmter, mit Fluch Beladener herumschlich, bis alles
Lieben, Beten, Denken und Bangen, bis alle Qual
der bangen Jahre sich in den Entschluß zusammen=
drängte, sie müsse den an Liebe-Verwöhnten hinaus
ins Leben treiben, durch eine ungeheure That die ver=
schlungenen Bande für sich und ihn lösen, ihn preis=
geben an die Wogen des Schicksals, denn das Unglück,
dachte sie, wird ihn auf sich selbst besinnen machen,
nachdem sich die Liebe lebenssatt und todtmüde abge=
rungen hat in Versuchen aller Art.

Das war der Ausgang ihres Lebens, ihres Denkens
und ihrer Verzweiflung. Und die Liebe that endlich

ihr sternenlichtes Kleid von sich und hüllte sich in ein
nachtdunkles Gewand. Sie stählte ihre schwachen,
zarten Glieder, in ihrem Auge erlosch das milde Licht
vor der Wetterwolke des Grames, und in ihrer Hand
die scharfe Waffe, sah die Liebe nicht mehr aus wie
süße Liebe, sondern wie bitterer Groll. Als wir um
die Hülle der Entseelten standen, sahen wir wohl den
seltsamen Zug um die schöne bleiche Lippe. Das war
nicht Liebe mehr, oder es war die Liebe, die sich vom
Leben abwendet, nachdem sie ans Leben alle ihre Schätze
vergeblich verschwendete.

Hier brechen meine Gedanken ab, weil sie sonst
gegen sich selbst gekehrt sein müßten, wie dort die Liebe
abbrach, als sie die gewaffnete Hand gegen sich selbst
wandte. Für den Dichter aber, der das Ereigniß über=
lebte, hat wohl kein Sterblicher auf seiner Zunge das
geeignete Wort. Hat ihm doch Charlotte in dem,
was sie ihm schriftlich hinterließ, das Beste selbst gesagt:

„Unglücklicher konntest Du nicht werden, Vielge=
liebter! Wohl aber glücklicher im wahrhaften Unglück!
In dem Unglücklichsein liegt oft ein wunderbarer Segen

er wird sicher über Dich kommen. Wir litten Beide
Ein Leiden; Du weißt es, wie ich in mir selber litt.
Nie komme ein Vorwurf über Dich; Du hast mich
viel geliebt. Es wird besser mit Dir werden, viel
besser jetzt. Warum? Ich fühle es, ohne Worte da=
für zu haben. Wir werden uns einst wieder begegnen,
freier, gelöster! Du aber wirst noch hier Dich heraus=
leben, und mußt Dich noch tüchtig in der Welt her=
umtummeln."

Und auf diese letzten Worte waren ihre Thränen
am heißesten gefallen.

VII.

Briefe an Dina.

Geistlich und weltlich.

1.

Heiligenstadt an der Leine, den 12. Mai 1836.

— Heiligenstadt, meine Freundin, ist eine Stadt, in der viele Heilige stehen, aber wenige leben. Ich will damit nichts gegen den Ruf dieser ehrenwerthen Stadt gesagt haben, bei Leide nicht! Auch ist diese ehrenwerthe Stadt viel zu unbedeutend, um überhaupt einen Ruf zu haben. Wenn der abgeschmackte Satz richtig wäre, daß die beste Hausfrau die sei, von der am wenigsten geredet werde, so könnte man auch diejenige Stadt, von der man wenig oder nichts zu melden hat, für die beste, denjenigen Fürsten, von dem man nichts sagen darf, und überhaupt denjenigen Menschen, dem man, wollte man von ihm reden, etwas andichten müßte, für den besten seiner Art, seiner Zeit und seines Geschlechts erklären." Ach, liebes Deutschland! wie wimmelst du von besten Hausfrauen, besten Städten, besten Menschen! Dann wäre auch das kleine ***thum ** der beste constitutionelle Staat von der Welt, weil seine Kammersitzungen geheim sind, also daß man nichts von ihnen zu sagen weiß. Ich verstehe nichts von öffentlichem Leben, ich bin ein deutscher dummer Teufel; aber schon um dem Stadtklatsch dort eine bessere Richtung und einen bessern Gehalt zu geben, wünschte ich die Ständeverhandlungen des Ländchens öffentlich. Ich rede blos aus humanem Interesse, ein politisches hab' ich nicht, ein gutmüthiger deutscher Mensch, nothgedrungen auch ein gutmüthiger Schriftsteller.

Heiligenstadt, meine Freundin, ist eine Stadt, in der sich viel Heilige finden. Nur schade, daß sie alle von Stein sind. Ein Stein hat gut heilig sein, einen armen Menschen von Fleisch und Blut kommt das schwerer an. Es ist zwischen kaltem Stein und warmem Blut ein schlechter Verkehr. Ja, wenn sie reden könnten, die Steine, wie Mozart's steinernes Bild,

damit den Leporello's der Schopf, den Don Juan's
das Lockenhaar sich gen Himmel streckte! Aber die
Steine predigen und reden nicht, und der redende
Mensch sollte ihrer nicht spotten, denn was er kann,
darf er nicht. Ein Ding, das nicht reden kann, ist
fast eben so verächtlich, als ein Ding, von dem man
nichts reden darf. Sie sollen mich für keinen Ketzer
halten, Leopoldine, es sieht in meinem Innern fast
eben so oft fromm und gottselig aus, wie in Ihrem
schmerzdurchzogenen katholischen Auge. Ich müßte nicht
in dies Auge geblickt haben, müßte nicht in seinem
milden Glanz für die Wärme des heiligen Menschen=
lebens erleuchtet sein, wollte ich rückwärts aus einem
Paulus zu einem Saulus der Gegenwart werden. Aber
wenn ich meinen ganzen Haß gegen die kalten Bilder
von Stein verdeutlichen sollte, so müßte ich hingehen
und alle die fratzenhaften Heiligenstatuen zertrümmern,
die wie Spottbilder die christliche Leidensgeschichte an den
Pranger stellen. Arme Mutter Maria, so stehst du
hier auf allen Wegen und Stegen. An deinen steiner=
nen Gliedern hat der Zahn der Zeit genagt; bist du

von Holz, so hat Wind und Wetter dich noch schneller verunstaltet; ein neuer Firniß ist über deine Wangen geschmiert, wie sich eine Köchin mit Bolus zum Carneval schminkt; das bretterne Schutzdach hat dein Haupt nicht behütet, ein Platzregen hat dir das Jesuskind aus den Armen gerissen, und ein Schuft von modernem Tischlermeister mußte dir ein neues machen. Wo hatte der Schurke die Frechheit her, daß ihm die Hand nicht erstarrte, als er die Bretter zusammenleimte? Nur in der Entzückung begeisterter Empfängniß lassen sich Götterbilder machen, wie Raphael seine Madonna schuf. Dann steigen sie hernieder, die göttlichen Gestalten, und wir hinauf, im Rausche der Liebe beflügelt. Die Leiter ist da, die wie ein Regenbogen Erde und Himmel verbindet, die Religion steht im siebenfachen Rosenlichte der Kunst.

Ich war heute in der Messe und machte Betrachtungen dieser Art, meine ketzerische Kritik der Heiligenbilder ließ mich keine Andacht finden. „Ein gottvolles Gemüth soll überall seinen Gott fühlen und haben!" Das hör' ich Sie sagen, wenn Sie dies lesen, Dina,

und Ihr Blick verdunkelt sich. Damit wäre aber auch
der Fetischdienst gerechtfertigt. Wenn ich stumpf genug
bin, den Stein aufzuheben vom Boden und zu sagen:
„Stein, sei mir eine gnädige Gottheit!" — dann wäre
ich auch religiös. Und ich bin es dann in der That,
aber doch auf eine Art, daß Mephistopheles über den
Wurm, der sich Mensch nennt, ein Gelächter aufschlägt.
Ich will Alles thun, Alles denken, aber mich nicht vom
Teufel auslachen lassen. Alles in der Welt! nur nicht
die Schadenfreude des Bösen! Ich habe eine eigene
Aversion dagegen; es ist eine Schwäche, die man scho-
nen muß.

Blicken Sie nicht so scheu in mein armes Angesicht,
Leopoldine! Ich bin nicht, was Sie böse nennen,
Sie werden noch einen recht stillen Menschen an mir
finden. Damit Sie das gleich merken, hören Sie
mich weiter. Ich stand heut' in der Kirche und betrachtete mir die hölzernen Bilder, die einer betenden
Menge genügten. Ich konnte nicht beten; ich kann
nur zur Schönheit beten, auch für den Gott verlange
ich ein Symbol in schöner Form. Nehmt dem Katho-

licismus seine schönen Hallen, seine Altardecken, sein
Harfengelispel, seine Geigentöne und die Stimme der
Chöre: nehmt ihm, was schön ist, so nehmt ihr ihm
auch seine Wahrheit, denn ihr nehmt ihm was Irdisches
und Göttliches vermittelt. Das Schöne ist die Brücke,
die hinüberführt zur Wahrheit.

Bei alle dem wäre es ein Frevel gewesen, die Andacht derer, die neben mir knieten, in Zweifel zu ziehen.
Ich stand und fühlte das so durch. Ein Schnauben
und Prusten hinter mir stört mich. Ich sah mich um
und blickte in das lachende Angesicht eines feisten Gentle-
man, der mit mir im Gasthause abgestiegen und eben-
falls die Kirche besuchte. Mit gespreizten Füßen stand
er wie ein steiler Koloß zu Rhodus und guckte auf ein
Marienbild, dessen Wunderthaten ihm der Lohnbediente,
der ihn führte, zu erklären bemüht war. „Whim-
wham, whim-wham-story!“ sagte der lange Mensch
ganz laut und lachte dem erschrockenen Cicerone ins Angesicht, daß die Umstehenden sich scheu abwandten. Er
verließ den Ort; die Blicke der gestörten Beter verfolgten
die lange schwankende Gestalt des Mannes bis zur Thür.

Mir fällt die Geschichte des kleinen Nagelschmieds
zu Huſſinecz ein, die ich in Böhmen hörte. Die Geſchichte iſt Ihnen unbekannt, und ſo mögen Sie meine
Erzählung als ein Zeugniß hinnehmen, daß ich ein ſo-
lider Anhänger des Chriſtenthums bin, nicht geradezu
des katholiſchen, nicht geradezu des proteſtantiſchen, ſondern desjenigen Chriſtenthums, dem dieſe Spaltung des
religiöſen Lebens für die Vergangenheit als nothwendig,
für unſere Gegenwart als eine hergebrachte Täuſchung,
für die Zukunft als eine Unwahrheit und ein Nichts
erſcheinen möchte.

Ich war — es ſind faſt zwei Jahre her — auf
meinem Querzuge durch Böhmen in dem kleinen Neſte,
wo Johann Huß geboren wurde, ſpät Abends ange-
kommen. Es gab in dem Dorfflecken keine Merkwür-
digkeit zu betrachten, alles Raiſonnement über Böhmens
Vergangenheit und Gegenwart ſtrich ich mir, wie mein
eigener Cenſor, aus der Seele: alſo ließ ich mir von
alten Weibern frommgläubige Curioſa erzählen. Hören
Sie die eine, an die mich der lange Ketzer aus Alt-

England erinnerte. Sie ist ein Beitrag zur Geschichte der Restauration alter Bilder.

Der Nagelschmied der Mutter Gottes.

Am Abend vor dem Festtage von Mariä Reinigung platzte das hölzerne Muttergottesbild in der Kirche zu Hussinecz. Vom Wirbel des Hauptes bis über Hals und Brust hinunter klaffte das Antlitz der göttlichen Jungfrau zu zwei Hälften aus einander. Beide Stücke hingen rechts und links mit starren Splittern, die Entstellung des heiligen Angesichts war schrecklich anzuschauen. Der Sacristan schlug an seine Brust und lief zum Priester. Der Priester besah sich den Schaden bei Licht und schlug an seinen Kopf. Inzwischen war es noch Zeit zum Restauriren, die ganze Nacht lag noch bis zum festlichen Morgen vor. Allein vor wenigen Tagen erst hatte der Caplan die Hülle des einzigen Mannes zur Erde bestattet, welcher Tischler und Zimmermann des Dorfes zugleich gewesen, und dessen Hand für den kleinen Bedarf der Kirche genügte. Es gab an Ort und Stelle weiter kein großes Marien=

bild, die nahen Ortschaften brauchten zum Feste die ihrigen, man konnte sich keine Muttergottes in der Schnelligkeit borgen; es müßte zur Restauration des zertrümmerten Werkes geschritten werden. Aber mit kleinen Mitteln war hier nicht zu helfen; die Spalte, die durch das zähe Holzwerk lief, war zu groß, Stirn und Wangen, Kinn, Hals und Brust der Figur waren weit auseinandergeklafft, nur eine geübte Hand konnte das zersplitterte Antlitz wieder zusammenfügen.

Der Nagelschmied im Orte war der einzige Hand= werkskundige, der dazu tauglich schien. Czeckow war war ein kleiner, verwachsener, boshaft witziger und ver= stockter Ketzer. Man bezüchtigte ihn des Abfalls vom Schooße der Mutterkirche. Er hatte sich lange Zeit in einem protestantischen Auslande herumgetrieben, und war, um alle Heiligung unbekümmert, blos seinem Handwerke nachgezogen. Heimgekehrt, um sein Erbe zu genießen, verschmähte er alle Gemeinschaft mit An= dern, nur in der Schenke erschien er allabends und streute deim Glase Czernosecker seine ausländische Weis= heit unter die Leute, sprach lustig und höhnisch von dem

schlechten Lebenswandel der Nonnen und Mönche, und
brockte den Bauern seine Erklärung der Heiligengeschich=
ten ein, die „stark nach Hussitenwein schmeckte", wie
mein stockböhmisches, altes Weib sich vernehmen ließ.
Sonst lebte er still für sich und krümmte Niemand ein
Haar. Hatten ihn die Bauern auf den Rath des
Priesters mit Gewalt in die Kirche geschleppt, so kauerte
er sich wie ein kleiner Teufel auf den Stufen am Altar
zusammen und lächelte bald dumm, bald witzig dem
Priester ins Angesicht. Er machte nie Miene, sich vor
dem Sanctus zu beugen, bis der Faustdruck des Nach=
bars ihn zwang, der Gewalt zu gehorchen, und dann
lag er länger als nöthig mit dem Kopfe am Boden
und blickte nur von Zeit zu Zeit verstohlen auf. Man
wollte wissen, er sei der heimliche Sohn eines Priesters.
Stieß man ihn in den Beichtstuhl, so flüsterte er dem
Beichtiger lächelnd ins Ohr, wie sehr er glaube, sein
Vater habe Recht daran gethan, ihn zu zeugen, und
wie sehr ihn das sündhafte Gelüst quäle, wie ein Ketzer
vom Kelche des Abendmahls zu trinken. Die Kirchen=
strafen fruchteten nicht, er that Alles mit sterilem

Gleichmuth; man hätte ihn gern für blödsinnig gehalten, wäre seine Hand nicht so kunstgeübt, seine Zunge nicht so scharfschneidig gewesen. Er war sonst ein friedlich stiller Bürger, ließ Gott ein guten Mann, den Kaiser einen guten Kaiser sein, war thätig in seinem Gewerk, lebte allen Mitmenschen zu weltlichem Nutz und Frommen; nur auf die Heiligengeschichten hatte er eine specielle Malice. Als öffentlicher Verspötter des Schutzpatrons der Kirche hatte man ihn eine Zeit lang eingesperrt, bis er höherer Seits für aberwitzig, aber für unschädlich erklärt wurde. Als man ihn aus der Haft entließ, ging er wieder in die Schenke und sagte zu den Gevattern mit einem Zorne, der sonst an ihm nicht bemerkt war: „Ihr sollt es bereuen, einen stillen Menschen hart behandelt zu haben; ich wollte, alle Eure hölzernen Heiligenpuppen zerplatzten, und Ihr müßtet mich fußfällig bitten, sie Euch zusammenzunageln; ich wollte sie in Ketten schmieden, daß Ihr an den Nagelschmied denken solltet!"

Der kleine Hussitenketzer blied excommunicirt, aber der prophetische Fluch sollte halb in Erfüllung gehen.

Man mußte den von der Kirchengnade Ausgeschlossenen
bitten, das heilige Marienbild in aller Eile zu restau=
riren. Er saß eben an seiner Nabelbank und strickte
ein Netz von Draht — denn er wußte nicht nur den
Hammer zu schwingen, er war auch in allerlei künstli=
chen Arbeiten seinerer Art geübt, — als der Sacristan
zu ihm in die Werkstatt trat und ihm die Verzeihung
seiner Sünden verhieß, wenn er schnell zu Diensten
wäre. Ein paar Kirchendiener standen in der Thür,
um das Gesuch mit Kraft zu unterstützen, falls er sich
nicht willig zeigte. Man wußte schon, daß der kleine
Bösewicht nur mit Gewalt sich zum Kirchgange bewe=
gen ließ.

Sich der Gewalt zu beugen, schien der lächelnde
Mann gewohnt, nahm Hammer, Nägel, allerlei Werk=
zeug, und folgte geduldig; ein großes Halseisen, wie
für Verbrecher geschmiedet, stak in dem Sack, den er
über die Schulter hing. An der Kirche bekreuzigte ihn
der Priester, um den Fluch der Kirche schnell von ihm
zu thun; der Kleine ging und lächelte still. Als er
aber beim Scheine der Nachtlaterne das zerspaltene

Muttergottesbild ſah, konnte er ſeiner Zunge nicht mehr Gewalt anthun, und obwohl er die Knechte, die ihn geleitet, zu fürchten alle Urſach hatte, ſagte er: „Eure Götter, Herr Pater, ſind gar gebrechlich, gar hülfsbedürftig. Warum führt Ihr Hirten der Kirche, wenn Ihr deten wollt, Eure Heerde nicht hinaus ins Feld und ſchaut hinauf in den blauen Himmel? Der zerbricht Euch nicht, und Ihr könntet unter ihm weit eher denken, Ihr gucktet dem Herrgott ins große blaue Auge, als wenn Ihr die hölzernen und ſteinernen Puppen anſtiert, die von Menſchenhänden gemacht ſind.”

So ungefähr ſprach der Nagelſchmied. Die Kirchendiener murmelten mit dumpfer Stimme ein Paternoſter, der Sacriſtan ſchlug an ſeine Bruſt, der Prieſter ſprach: „O, Du arger Menſch, Naturdienſt iſt Heidendienſt! Weil Gott iſt Menſch geworden, ſtellen wir ihn ſammt allen Heiligen hin in menſchlicher Geſtalt. Für Deine Seele will ich deten; möge Dich dereinſt das ewige Feuer reinigen! Hier aber thue Dein weltliches Werk. Die Mutter Gottes mag uns und

ihren Getreuen nicht zürnen, daß wir ihr Bild von
Deinen verfluchten Händen berühren lassen!"

So sprach der Priester salbungsvoll und ging; der
Sacristan und die Diener leuchteten ihm voran durch
die weite Halle der dunkeln Kirche.

Der Nagelschmied sah ihm trotzig nach, aber er
lächelte nicht mehr; er stierte auf die Nachtleuchte hin,
bis sie vor seinen Augen verschwand; es hatte ihn etwas
angewandelt, das seine Zunge lähmte, seine Gedanken
überschattete. War es der Ort, der auf ihn wirkte mit
der ungewohnten Stille der dunkeln Nacht? Hatte ihn
das Gefühl wie ein Schauer beschlichen, die Nacht des
Lebens berge hier Geheimnisse der Wahrheit, die der
helle Tag der Menschenwelt nicht kennt? und wie die
Nacht, so das Gemüth, das weiter greift mit seiner
dunkeln Ahnung, als der lichte tageshelle Verstand! Ja,
wenn der Tag nur wäre mit seiner werkellustigen Rüh=
rigkeit, mit seinen klaren Augen, mit seiner Vergnüg=
lichkeit am handgreiflichen Leben! Aber siehe, da kommt
die Nacht und überschattet dich und alle deine Pläne,
Werke, Thaten. Was so besonnen zurechtgesetzt, so

klug entworfen und vollendet schien, das wird verschlun=
gen in Ein großes Dunkel, als löste sich alles in
Schein und Trug; was dich so sicher und fertig gedünkt,
zerschmilzt in Nichts, und dir erbleichen die rothfrischen
Farben der Wange, weil dich die Furcht befällt, all
dein bestimmtes Thun am Tageslicht des irdischen Le=
bens sei eitel Hauch, der über die Welle fliegt, sie kräu=
selt, aber den Grund der Tiefe nicht heraufwühlt an
die ewige Sonne. So überwältigt das Gemüth den
Verstand, wie die Nacht den Tag, und was uns ir=
dische Nacht schien, wird erst dereinst ein Tag werden
und zu Tage kommen. Und wie das Leben, so hat
auch die Religion — jede Religion — hinter ihrem
hellen Tage ihre dunkle Nacht. An den Thautropfen
und den Violendüften dieser Nacht hat das Gemüth
seine liebste Speise. Kläre der Verstand so viel er
will am Tage und für den Tag des Erdendaseins auf;
das Gemüth schleicht der verschwiegenen Nacht in die
Arme und sucht sich stiller, dunkler und tiefer zu betten
im Schooße des geheimnißvoll verschlossenen Lebens.
Ein Mensch, der keine Nacht in sich erlebt hat, der nie

8*

den duftigen Mantel eines großen Räthsels um seine
Seele trug, der nie erzitterte, nie aufbebte vor etwas
Unbegriffenem, das wie eine unsichtbare Hand über die
Saiten seines Innern fuhr: der hat sich viel verscherzt
von dem, was uns jenseits wie ein ewig heller Tag,
eine ewig helle Freude begrüßen wird. Jede Religion
hat ihren lichten Tag und ihre dunkle Sommernacht.
Ergib Dich jenem, aber entziehe Dich dieser nicht, sonst
wirst Du sie fürchten müssen. Es ist noch niemand
gelungen, die Wirkungen der geheimnißvollen Nacht,
in die uns das katholische Christenthum einweiht, fort=
zuläugnen. Und der Protestantismus, der mit der
hellen Tagesseite der Religion so klug, so sicher und
dreist zu verkehren glaubte, scheint im Pietismus der
Jetztwelt das Versäumte nachzuholen und sich den nächt=
lichen Schauern der Gemüthswelt bis zur Schwelgerei
hingeben zu wollen. Aber er hat gegen den Katholi=
cismus den Nachtheil, daß er, einmal losgerissen vom
eigentlichen Schooße einer mit allen seinen Sternen=
wundern fest beharrlichen Nachtwelt, und der Willkür
der Deutelei, der Verirrung selbsteigenen Gelüstes preis=

gegeben, in Caricatur und fanatische Verzerrung aus=
artet. Der Protestantismus hat in seiner Abirrung
einen Fanatismus beschränkter Gesinnung, (Hengsten=
berg's evangelische Kirchenzeitung) und eine Entartung
sinnlicher Begierde (die Mucker in Königsberg) her=
vorgerufen, wie sie in den frühern Schwärmereien
der katholischen Welt kaum in gleicher Raffinerie erlebt
wurden. So sehr rächt sich die zurückgedrängte Nacht=
seite der Religion, deren ahnungsvolle Dämmerung der
verstandeshelle Protestantismus entbehren zu können
vermeinte!

Und mein kleiner skeptischer Nagelschmied in
Hussinecz?

Der kleine böhmische Voltaire stand wie ein ge=
krümmter dürrer Zweig, der sich in der Frühlingsnacht
vergebens bemüht, noch einmal frische Reiser zu treiben.
Czeckow kannte keine Gespensterfurcht, aber er stand
und sann, den Kopf zwischen den Schultern, den Rücken
zum Genick hinaufgedrängt; die Figur des kleinen Na=
gelschmieds verkroch sich noch mehr in ihr krummes
Gehäuse. Er fühlte sich in der nächtlichen Halle ver=

laſſen. Die kühlen Gewölbe hatten ihre Schauer, die verhallenden Tritte - klangen dumpf wie ein Stöhnen aus Gräbern, unter ihm die ſchlafenden Gebeine ſeliger Menſchen, die der Wahn von Jahrhunderten geheiligt: — ein kleiner frommer Schauer wäre hier ſehr unſchuldig, ſchon phyſiſch erklärbar geweſen; der Nagel= ſchmied ſtand unbeweglich ſtill. Ein dürrer Lichtſtreif des Mondes fuhr langſam durch das grün= und roth= bemalte Fenſter und fiel zitternd wie ein matter Blitz vom Kreuzgewölbe des hohen Chors herunter und über den Altar fort auf das entſtellte, zerſplitterte Angeſicht der Mutter Gottes. Da ſaß das Mondlicht ſtill und beleuchtete mit zerweintem, thränenfeuchtem Auge das zertrümmerte Heiligenbild. „Nun ja, ich will dich zuſammenflicken, alte Mutter Gottes" — ſagte halb ſchüchtern der kleine Mann und raſſelte mit dem Sack, der Nägel und Werkzeug barg. Aber erſchrocken, als hätte er noch zu laut gefrevelt, drehte er ſich rücklings, denn wie mit Geiſterſtimmen tönten ſeine Worte im weiten Schiff der Kirche wieder. „Das nichtsnutzige Echo in dem morſchen Leichenhauſe!" murrte der Na=

gelfchmied und warf Hammer und Zange zu Boden,
daß ein klirrender Ton durch die lange Kirche lief, als
wenn die Altarleuchter und die zinnernen Schilder der
Gräber bebten. Der krumme Mann schüttelte sich,
daß er wie ein Knäuel zusammenfuhr. „Verdammt
kalt in dem Steingewölbe!" sagte Ezeckow, „und der
modrige Trödel thut auch, als müßt' er noch mitreden
wie ein Lebendiger!" — Der Mond verkroch sich still
mit seinem Scheine. — „Gebt mir doch Licht her,
Licht!" schrie er laut, „was soll ich hier im Finstern
zusammennageln?"

Der Sacristan kam mit der Laterne noch immer
nicht zurück. Des Schreiens müde, setzte sich Ezeckow
auf seinen Sack und versank in Todtenstille.

Den Sacristan hatte wider Willen ein Geschäft
irdischer Nothwendigkeit gefesselt; Angst und Schreck
über das zertrümmerte Bild und über den Ketzer von
Restaurator waren in sein altes Blut gefahren. End=
lich kam er mit der Laterne und den beiden Dienern,
die Leitern und allerlei Holzwerk trugen, um für den

kleinen Schmied ein Gerüst zu fertigen, das ihn hin=
aufhob bis zum Angesicht der hohen Figur.

Ezeckow saß auf seinem Sack und schlief. Mitten
in den Schauern einer romantisch=katholischen Kirchen=
nacht schien den kleinen böhmischen Voltaire die Lange=
weile mit magischer Gewalt ergriffen zu haben. Der
Sacristan beleuchtete sein steifes Angesicht. Er sah
blaß und verwandelt aus; die schmale Nase hing, wie
von Wachs gedreht, über der spöttisch verzogenen Lippe,
die kecke Stirn und die spitzen Backenknochen warfen
ihre Schatten auf die hohlen Wangen des verstockten
Schläfers. „Mögen ihm die Heiligen im Traume er=
scheinen und sein heidnisches Herz umwandeln!" sagte
der fromme Sacristan und schlug über das Haupt des
Ketzers ein dreifaches Kreuz. Die Kirchendiener rüttel=
ten den Mann an der Schulter, damit er sich ans
Werk begede. Ezeckow fuhr auf aus dem betäubenden
Schlafe. „Habt Ihr endlich Licht gebracht?" fragte er,
„Ihr ließet mich ja in einer narkotischen Finsterniß.
Pfui über Euer Grabeshaus, es riecht nach Moder und
eklem Räucherdunst. Hätt' ich den Ausgang gefunden,

ich wäre längst davon gelaufen. Dann ,mochtet ihr
Euch Euer Bild selbst zusammenpferchen, daß morgen
am Reinigungsfeste die Bauern sich entsetzen vor dem
Anblicke der zerschlagenen und geflickten Majestät.
Aber ich sage Euch, was ich Euch zusammennagele,
wird Euch auch nicht gefallen, Ihr Narren!"

Die Diener drohten und ergriffen ihn am Nacken.
Ezeckow lächelte mit seinem stieren Auge, wie er immer
that, wenn er der Gewalt sich beugte, und ließ sich
willig vor die Bildsäule führen. Der Sacristan zün=
dete die Kerzen des nächsten Kronleuchters an, während
der Nagelschmied mit Hülfe der beiden Andern das
Gerüst erstieg, um sein Restaurationswerk zu beginnen.
Er sägte die beiden Oberhälften der Figur mit geschick=
ter Hand ab, um sie von neuem in einander zu fügen.
Das zerspaltene Haupt rückte er wieder zusammen und
legte um die Krone einen feinen Drahtring, der den
Scheitel zusammenhielt. Durch den hölzernen Busen
bohrte er rechts und links seine Nägel behutsam und
fein, damit das alte zähe Holz nicht von neuem zer=
sprang. Die Fetzen des alten Prachtgewandes, das

bei der Spaltung des Leibes mit zerriſſen war, ſtreifte
er von den Gliedern ab und bekleidete ſie. mit dem
neuen, das zum Schmucke des Feſtes verfertigt war.
Während er dies alles ausführte, ſang er mit ſeiner
heiſer ſchnurrenden Stimme ein Lied, das wie ein heid=
niſches Spottlied klang. Der Sacriſtan rief laut ſein
Paternoſter dazwiſchen und die Diener nahmen dann
und wann in zorniger Frömmigkeit eine Stange zur
Hand und ſchlugen damit auf den krummen Rücken
des argen Ketzers. „Steigt nicht zu mir herauf, ihr
Wetterkerle; ſonſt ſtoß' ich Euch den Hammer vors
Gehirn!" ſagte Czeckow, vor Schmerz aufſchreiend,
„ſeid ruhig, ich bin mit Eurer Heiligen gleich fertig."

Dann arbeitete er wieder fleißig fort, ſein hämiſches
Lachen, das er von Zeit zu Zeit hervorſtieß, hörte ſich
an wie das Gewinſel eines verworrenen Wahnſinns.

„Jetzt bin ich zu Ende!" ſagte er, „ſeht her! iſt
das Werk gelungen?" Er nahm die Kerze, die im
Gefüge der Mauer ſaß, und beleuchtete Geſicht und
Oberleib der hölzernen Figur. Die zertrümmerten
Stücke waren in der That ſehr geſchickt wieder an ein=

ander gereiht, die Ritzen des Antlitzes mit einem feinen
weißen Kitt überkleidet, über der Brust saß das neue
Gewand, den Hals bedeckte eine neue saubere Spitzen=
krause.

„Gelobt sei Gott!" sagte der Sacristan, „das Ma=
rienbild. ist für die morgende Feier würdig zubereitet.
Die Heiligen haben wider Deinen Willen Deine Hand
gesegnet, Czeckow."

„So laßt uns schlafen gehen, es ist Alles in Ord=
nung," sprach Czeckow und verzerrte krampfhaft seine
Lippen, um den Reiz, den er zu tückischem Spott und
Hohn empfand, zu unterdrücken. „Brecht das Gerüst
ab und laßt die Mutter Gottes bis morgen früh in
Ruh'!"

Er war im Begriffe, die hohe Leiter hinabzustei=
gen, doch hielt er auf der dritten Sprosse inne. „Noch
ein paar Hammerschläge dort unten am Arme! Wartet!
damit uns die Figur für alle Zeit zusammenhält!"
So sagte er flüchtig hingeworfen und stieg nochmals
hinauf. Er raschelte in seinem Eisensacke; — ein paar
gellende Hammerschläge, die er zum Halt der Bild=

säule, wie es schien am Halse derselben, für nöthig
hielt: — und dann war sein Werk geschehen. Die
Kerze, die das Antlitz der Figur beleuchtete, hatte er
schon vorher gelöscht. Diese nachträgliche Bemühung
des Nagelschmieds war den Andern nicht aufgefallen.

„Ich bin fertig, leuchtet mir nach Hause!“ sagte
Czeckow, als er unten stand und den Sack über die
Schulter warf.

„Mögen die Heiligen um dieses Werks willen Dei=
ner Seele gnädig sein!“ sprach der fromme Sacristan.
Czeckow schlug ein Gelächter auf, daß die weite Halle
zu beben schien. Da tönte die zwölfte Stunde der
Nacht, und vor den dumpfen Glockenschlägen, die durch
die Kirche schwirrten, verstummte plötzlich der freche
Gesell. „Ist das mein Echo?“ sagte er zitternd, „müs=
sen Glockenschläge der Wiederhall sein, wenn man an
heiliger Stätte lacht, an den Heiligen frevelt?“

Czeckow sank zu Boden, die kleine Figur des Man=
nes lag in sich selbst zusammengekrümmt.

Dem Sacristan lief ein Grausen durch Mark und
Bein. „Will der Herr mit ihm ins Gericht gehen?“

sprach er leise und stand eine Weile vom Schreck gebannt. Er rüttelte den Nagelschmied, die Diener hoben ihn auf. Ein Lichtstrahl der Nachtlaterne fiel in
sein Angesicht: das alte Lächeln stand wie ein stierer
Wahnsinn auf seinen verwachsenen Zügen. „Ich bin
recht müde," sagte er, „führt mich nach Hause, ich
nagle Euch nie wieder ein Heiligenbild zusammen."

Ganz im Dunkel darüber, was mit dem Manne
vorgegangen, geleiteten die erschrockenen Männer den
Nagelschmied in seine Wohnung. Er schien noch der
Alte, denn es war keine Weihe über sein sündhaftes
Herz gekommen; und doch schien er schrecklich verwandelt.

„Holt mich morgen ab," sagte er fast sinn- und
bewußtlos, „ich muß doch mein restaurirtes Bildwerk
sehen. Holt mich morgen früh zur Kirche, hört Ihr
wohl? Ihr thut vielleicht ein gutes Werk an mir."

Er hatte sich erholt, und man verließ ihn an der
Schwelle seines Hauses. Der Sacristan und die Seinigen gingen. „Wir führen ihn morgen in die Kirche,"
sagte der fromme Mann, „die Mutter Gottes, scheint
es, will ihn wider seinen Willen erleuchten, denn eine

andere Sprache, als seine eigene tönte so eben aus seinem Munde."

Am andern Morgen ganz in der Frühe stand der Mann vor des Nagelschmieds Wohnung und klopfte stark ans Fensterkreuz. Der Kleine erschien, gebückt und gekrümmt, mit erloschenen Augen, matt und bleich wie der Tod.

"Die heilige Jungfrau ruft! Wir feiern Mariä Reinigung!"

Czeckow zitterte und sprach: "Ich habe die ganze Nacht gebetet und gerungen, aber mein Herz ist unfruchtbar an guten Gedanken, mein Auge trocken und leer geblieben an frommen Thränen; wie darf ich Unreiner vor die Reine hintreten!"

"Du bist nicht ganz mehr so gottlos wie sonst," sagte der Sacristan, "schon daß Du mich nicht verhöhnst, da ich Dich rufe zur Kirche, ist ein Zeichen zur halben Umkehr. Auf, auf! wer weiß, was Dir beschieden ist, wenn Du an heiliger Stätte inbrünstig betest. Auf! die Mutter Gottes ruft!"

Czeckow folgte gebückt, wie ein winselnd Hündchen,

das halb aus Furcht, halb willenlos gehorcht. Der
Sacriſtan, in der Würde des Bewußtſeins, die Kirche
triumphire wie immer ſo auch hier über alles ſündhafte
Menſchenleben, ſchritt ihm feierlich voran. Als ſie an
der Kirchthür anlangten, ſchob er den kleinen Nagel=
ſchmied raſch hinein in das Gewühl der Menge, die
ſich nach dem Allerheiligſten drängte. Dicht neben dem
Altar ſtand in der Niſche das große hölzerne Mutter=
gottesbild, vor dem ein Jeder ſein Knie und ſein Herz
zu beugen ſich gedrungen fühlte.

Ezeckow führte der Strom der Menge vor ſein re=
ſtaurirtes Bild. Alles um ihn her lag knieend im
Gebete; er ſtand und ſtierte vor ſich hin, als beſänn' er
ſich auf geſchehene Dinge. Die Gruppen wechſelten
neben ihm; er ſtand und ſann. Die Blicke der beten=
den Schaar, die ſich in frommer Demuth nur bis
zu den Füßen der heiligen Mutter zu erheben wagten,
mußten gleichwohl auf Ezeckow fallen. „Ich habe den
Leuten ihre Himmelskönigin ausgebeſſert, und doch iſt
mir, als hätt' ich ein Verbrechen begangen!" ſagte
Ezeckow laut und vernehmlich. Alles fuhr von ihm

zurück. „Der Ketzer, der Nagelschmied!" flüsterte es in der Menge. „Heiliger Gott! ich habe sie in Eisen geschmiedet. Seht, seht, das eiserne Halsband, das die Mutter Gottes trägt!"

Er wies mit beiden Händen nach dem Antlitz. Die Morgensonne warf ihren ersten Strahl durchs bunte Fenster auf das Haupt der Benedeiten. Noch hatte Dämmerung die Halle bedeckt, jetzt leuchtete es rings in hellem Glanze. Die betende Menge starrte hinauf. Ein fürchterlicher Schmuck hing am Halse der Figur, ein Werkzeug für Verworfene, das nur teuflischer Hohn hier angebracht haben konnte. Ein Wehe! lief durch die Kirche, ein hundertstimmiges Gemurre folgte der lähmenden Stille, in welcher der Athem stockte.

„Ach! ach! wie sie zornig blickt!" schrie Czeckow entsetzt. „Ihr Auge rollt, das hölzerne Bild wird lebendig, — auch Bilder können leben — und tödten! auch in Bildern lebt ein Gott!"

Er stürzte todt zu Boden. Die fromme Menge wogte bestürzt durch einander, bis sich Alles im Gebete,

in der Furcht und in der gläubigen Zuversicht zu einer
allwaltenden, allgegenwärtigen Gottheit wiederfand.

2.

Heiligenstadt, den 14. Mai.

Sie müssen mich einen Thoren schelten, Leopoldine,
daß ich Ihnen von Thüringen aus eine böhmische
Geschichte erzählte. Säß' ich in Böhmen, schrieb ich
Ihnen vielleicht eine thüringische Sage auf. Es
geht Manchem so, meine Freundin. Ich kenne einen,
der sich bei der Nachtlampe seines norddeutschen Stu-
dirzimmers immerfort nach Italien sehnte, und im
Duftgebüsche der südlichen Orangen das stille Plätzchen
seiner traulichen Winterabende aus voller Seele zurück-
wünschte. Einen Anderen kenne ich, der im wunderbaren Doppelschimmer Ihrer Augen vom Glück der
süßesten Gegenwart überwältigt, sich aus der Nähe
Ihres Daseins gern fortraisonnirt in die weite Welt,
und wenn ein Länderstreif mit Bergen und Wäldern

sich zwischen ihm und Ihnen dehnt, den stillen Glanz
Ihrer Stirn, den milden Hauch Ihrer Lippen bis tief
in sein Herz in engster, traulichster Gegenwart empfin=
det. Es gibt somnambüle Menschen; man soll sie nicht
wecken. Es gibt auch somnambüle Länder; es ist da=
für gesorgt, daß sie nicht aufgeschrieen werden. Ein
großes Einlullungssystem verzweigt sich durch die Welt;
wir haben noch unsere kleinen lichten Momente, da
lachen wir einmal auf, wenn wir unsern Zustand nicht
mehr beweinen mögen; dann sinken uns wieder die
Augenlieder zu, und der Weltgeist streut seinen Mohn
über unser schwerbeladenes Haupt. Wenn ich auf=
blinzle: seh' ich die französischen Prinzen an den Höfen
von Berlin und Wien herumvoltigiren. Das ist auch
eine Art Nachtwandelei; kein Mensch ruft den andern
beim Namen, und der Friedenscalculator Louis Philipp
weiß Tag und Nacht seine Mohnbüchse zu schütteln.
Es thut weiter nichts; wir wissen doch hinlänglich, daß
einzelne Menschen keine Weltgeschichte mehr machen,
sondern Völker. — Aber wissen Sie, was meine wich=
tigste Entdeckung bis jetzt auf der ganzen Reise war?

Das Umsichgreifen des Biertrinkens nach altbaierscher Art. — —

Bisher hatte nur Baiern die Eigenschaft des Biertrinkens; aber prädisponirte Biermenschen gab es vom Anbeginn der Schöpfung. Prometheus hatte schon viele Menschen geschaffen vermittelst Lehm und Phosphorflammen vom heiligen lichten Himmel; jede Figur, die er gemacht, war nach Verhältniß der Zuthat und Mischung Prototyp eines Völkerstammes. Schon ging er an den letzten Erdenkloß, um auch dessen schwere Masse mit Aether zu beleben: da sah es unser Herr im Himmel. Er schlug den Menschenbildner auf die Finger und der Erschrockene ließ die Phosphorflamme fallen. Der letzte Erdenkloß hatte zu wenig vom belebenden Feuer bekommen; dieser letzte Erdenkloß mußte ein Biertrinker werden. Die andern hüpften und tanzten fort, sie hatten Aether genug im Leibe; schwerwandelnd aber ging der letzte Mensch einher, trübselig, vierschrötig, finster, geistesgrob, lebensfaul. Die Aetheressenz hatte bei ihm nur so eben hingereicht, seine Lehmmasse in Fleisch umzusetzen. Der Schöpfer aber blickte

auf sein Werk und sahe, daß es gut war. Es ist gut,
sagte der Schöpfer, daß nicht alle hüpfen und tanzen,
es ist gut, daß einer solide ist und an seiner Schwere
den Andern ein Exempel abgibt. Er wird mir dereinst
in bösen Zeiten, wo das Geschlecht mit Fittichen der
Freiheit aufrauscht, mein lieber Sohn sein, der an der
Scholle des Herkommens haftet. Er wird das Still=
sitzen lieben, wenn alle Andern sich die Füße verspringen.
Er wird an der Materie kleben, wenn Alles sich lächer=
lich in die Luft versteigt. Er wird sich in Zeiten der
Aufklärung eher dem Mönchthume, als liberalen Schwin=
deleien ergeben, und wenn die ganze Welt dem Fata=
morgana=Traum einer trügerischen Freiheitsgöttin nach=
läuft, wenn alles die rothe Mütze schwingt, wie vom
Weingeist aufgeregt, wird mein lieber Sohn ruhig sein
und Bier trinken. Nicht die Bocksprünge seiner Zeit
wird er lieben, nur seinen Bock; die Ideen von Freiheit
und Gleichheit werden ihm nichts sein, es wird ihm
alles gleich sein, ist nur sein Bock gut. —

So sprach der Schöpfer und so ward der letzte
Mensch, und der letzte Mensch war der erste Bierbaier.

Man kannte den Namen noch nicht, aber der Sache nach war dieses Menschenelement schon am Schöpfungstage vorhanden; die Mythe personificirt, was der Wahrheit nach nur als Element sich findet.

Den Ursprung des Menschengeschlechts suchen wir in Asien. Wollt ihr der Geschichte des ersten Biermenschen und den Schicksalen seiner ersten Kinder und Kindeskinder in Asien nachforschen, so nehmt die chinesischen Geschichtsbücher zur Hand und betrachtet die in sich versteifte und verdumpfte Pagode. In dieser massenhaft in sich gedrückten, selig verfleischten Pagodenfigur seht ihr einen asiatischen Biertrinker; ihm fehlt nur der Bock. Und die würdigen Spätnachkommen jenes letztgebornen Prometheusmenschen findet ihr in münchner Bockkellern. Steigt hinunter, ich bitt' euch: seht dort jene Bierpagoden hinter den Deckelgläsern verschanzt, jene still gewölbten, furchtbar ruhigen Menschen mit kirschbraunen Wangen und halbverwachsenen Augen. Das sind die jüngsten Kinder des prometheischen Fehltritts. Es sind die berühmten „Protzen" von München, oder auch, nach Maßgabe ihres innern Gehaltes, Zehn=, Zwölf=, Fünfundzwanzig=Mäßer ge= nannt, wie man im Artilleriewesen von Zehn=, Zwölf= und Fünfundzwanzig=Pfündern zu sprechen pflegt. Ich mag die Genealogie durch die Reihe der Jahrhunderte nicht durchführen aber ich sage euch, es läuft durch die Weltgeschichte ein bierdicker Faden, der nie abriß. Zu allen Zeiten hat es bierbaiersche Elemente gegeben mit und ohne Bock, es sind die bleiernen Elemente jeder Zeit. Und wenn die europäischen Generationen, schnellkräftig, rasch= und lebensbeweglich, bisher der Geschichte Flügel gaben: siehe! es ist die Zeit gekom= men, wo alles wird Bier trinken nach altbaierscher Art. Der Weltgeist ist matt geworden an Thatkraft, erlahmt in seiner Productionslust, der Zeitgeist geht zu Biere. Da sitzt er sich fest und steif und verwächst mit allen seinen Ideen zu einer ruhig dämmernden Masse. Kein junger Moselwein jagt ihm sein frisches Leben in die Adern, kein Champagner schäumt durch sein Herz mit süßen Träumen, kein Rheinwein läßt ihn glühen für einen großen starken Gedanken. Und der Biergeist hat auch seine Reize. Ein Bier, das die

Zwanzig=Mäßer „föffig" nennen, ist lieblich, einschmei=
chelnd weich), es glänzt wie dunkles Gold, es perlt mit
hundert Augen, es fließt leicht und mild. Der tiefe
Keller duftet mit seinem kühlen Athem dir aus dem
Tranke entgegen, die Kellnerin eilt geschäftig, Krug für
Krug, immer einzeln, Stiege ab und auf; wie ein
Blumentopf steht das Glas im blechernen Untersatz vor
dir, die zinnernen Deckel klappern, ein Bienengesumme
schwirrt durch Kopf und Herz, und du versinkst in
schwülen Traum. Der Wein jagt dich über dich selbst
hinweg, er beflügelt deine Gedanken mit Centrifugal=
kraft. Das Bier regt deine Lebensgeister nur insoweit
auf, um sich ihrer desto sicherer zu bemächtigen, es
drückt dich mit allen deinen Hoffnungen und Planen
dumpf zusammen, die centripedale Gewalt der Schwere
herrscht im Geist des Bieres.

Ach, ach! daß ich das weiß und doch hier sitze und
mit dem Deckel klappere. Der Kellner kommt; das
Seidel schäumt. Gute Nacht, Leopoldine! Gute Nacht,
kecke Verwegenheit, das Leben zu erobern, das Glück

zu gewinnen, ich laſſe alles über mich geſchehen, ich
trinke bairiſch Bier.

Aber ich ſchwärme und faſele nicht, ich ſehe klar
und beſtimmt. Es mußte ſo erfüllt werden im Laufe
der Zeiten. Nur ein Zeitalter, das Bier trinkt, ver=
ſumpft in trägem Frieden. Mit Bierhefen füttern die
Deutſchen Geiſt und Herz. Ich habe faſt überall bai=
riſch Bier gefunden. Aus Leipzig allein geht jährlich
die Summe von mindeſtens 100,000 Thalern für Bier
nach Baireuth und Nürnberg. Am Rhein, denken
Sie! auch am Rhein, in Ihrer Heimath, Leopoldine,
fängt man an, Bier zu trinken. Jemand, der ſo eben
von Paris kommt, verſichert mir, es würde dort eine
Branerei nach der andern errichtet, denn das Gelüſt
zum baierſchen Nationaltrank greiſe zum Erſtaunen
jedes Fremden in reißender Steigerung um ſich. Louis
Philipp thut wohl, dieſe Richtung des Geſchmacks zu
begünſtigen. Ein Volk, das ſich plötzlich dem Bier=
trinken ergiebt, muß erlahmen an aller Schnellkraft des
Witzes, an aller Fähigkeit, in drei Tagen aufzuerſtehen
von der Gruft des Todes. Und was ſoll aus der hei=

tern Luft der Rheinländer werden? Was aus der gra=
ziösen Geschmeidigkeit des sächsischen Volkscharakters?
Und gar die Franzosen — Bier! Wenn Alles zu
Biere geht, wenn uns alle derselbe einschläfernde Mohn=
geist bewältigt, dann gute Nacht, Licht, Sonne, Ster=
uenwelt! „Euch klag' ich nicht an, ihr himmlischen
Elemente, euch nicht: ihr habt ja keine Kinder!" Der
Menschengeist aber ist anklagenswerth, denn er soll Kin=
der gebären; die Zukunft ist das Kind der Gegenwart.
Ich bin kein Materialist, aber ich halte es für höchst
wichtig, mit welchem Stoffe sich eure Seele vermählt,
wenn ihr geistig zeugen wollt. Zu Riesen werden deine
Gedanken, wenn du Burgunder trinkst, zu Fröschen
und Kröten, wenn du vom Grüneberger nippst. Einen
Atlas zeugst du mit Ungarwein; einen Simson, der
blind aber muskelstark die Säulen umklammert, wenn
der Tokayer wie heißes Oel durch deine Adern strömt.
Wenn du Sicilianer schlürfst, läuft ein tobender Schmerz
wie eine Beethoven'sche Fuge oder ein Byronscher Ge=
danke durch deine Seele und schießt mit Raquetenge=
walt seine Feuergarben gen Himmel. Trinkst du jun=

gen Moselwein, so springen hundert Knaben, Genien
der Heiterkeit, aus deinem Gehirn; stürze Champagner,
und ein schäumender Regenbogen steigt aus deiner
Seele himmelan, und tausend Mädchenköpfe lachen dir
aus den Wolken entgegen. Aber ach, ach! von Bier=
stoffen bewältigt, wird dein Geist nichts als dumme
Bauerjungen von Gedanken erzeugen.

Baiern, Baiern, du wirst welthistorisch. Nicht
durch deine Tempel und Säulenhallen, nicht durch deine
königlichen Inschriften, nicht durch die Organisation
Griechenlands — das ist alles sehr leicht, sehr heiter —
nein, durch dein Bier, dein Bier ist schwerer Ernst.
Gute Nacht, Welt, arge Welt! der Knabe Baier fängt
an mir fürchterlich zu werden.

3.

Heiligenstadt, den 14. Mai Abends.

Ueber Heiligenstadt, meine Freundin, habe ich Ihnen
nun genug gesagt. Eigentlich habe ich Ihnen nichts

gesagt von Heiligenstadt, aber nichts ist hier gerade genug. Ich promenirte heut an den Ufern der Geislede. Die Geislede ist ein Flüßchen, das in die Leine fällt und einen Katarakt bildet, der hier herum für einen Katarakt gilt. Ich ging und wollte an den Wassern der Geislede sitzen und zurückdenken an die Zeiten und Stellen, wo sich der kleine Strom meines Lebens zwischen Felsen brach und doch nicht gehemmt wurde, nur schäumte. Ich sage, ich ging und wollte meinen Gedanken nachhängen; man wiegt sie so gern im Blättergeräusch, im Mühlengesurre. Allein im seichten Gezische der kleinen geschwätzigen Geislede vernahm ich nur den Schnack der Gevattern, die sich über ein armes Menschenleben lustig machen; ich floh den Wasserfall, den man die Schenche nennt. Die Leute haben Recht, daß sie nichts Anziehendes in ihrem Katarakt finden, die Benennung Scheuche läßt auf Bescheidenheit schließen. Man ist nicht überall so bescheiden auf der Welt. Am allerwenigsten in dem erfinderischen Berlin. Dort hört man von Bergen, von Schöneberg; allein man muß dort die Schönheit und den Berg wie Stecknadeln

suchen. Auch in Leipzig führt ein forcirter Lohnbediente
die Fremden an eine Stelle auf der Promenade, wo
zwischen sechs Steinen sich ein wässeriges Etwas geltend
macht. „Hier ist der Wasserfall!" sagt der Gute; aber
er irrt sich, es ist nur eine Parodie davon. So spricht
man in beiden Städten auch von Gegenden, allein
man irrt sich in der Benennung, man sollte blos die
weiten Plätze zeigen, wo Gegenden sein könnten; ein
Wald, ein Busch macht noch keine Gegend. Aber der
Wasserfall der Geislede bei Heiligenstadt ist wirklich
ein Wasserfall; nur daß er Schenche heißen muß, ist
schmerzlich. Sie denken, ich fasele, Leopoldine. Ach
Gott, mein Fräulein, ich bin ein Deutscher, der in
Deutschland auf Reisen geht; und da er über die gro=
ßen Scheuchen nicht reden kann, an dieser und jener
kleinen Scheuche sein Müthchen kühlt. Sein Sie
milde, strenges Herz!

Im Grunde sitz' ich hier nur um deswillen so
lange, um auf den bisher zurückgelegten Weg zurück=
zublicken und an Sie zu schreiben. Ich bin durch
Thüringen gezogen, jetzt nun zum fünften Male in

meinem Leben. Um Ihnen Thüringen gut zu schil=
dern, müßte ich noch sein, was ich war, als ich es zum
ersten Male betrat, ein Kind. Thüringen ist eine
träumerische Idylle. Es ist ein Land, das kein Staat
geworden ist, sondern viele kleine Staaten bildet. Ein
Land, das kein Staat ist, hat keine moderne Wirklich=
keit, weil es kein ganzer Staat ist. Preußen, Sachsen,
Baiern, diese Länder haben individuelle staatische Phy=
siognomien, Deutschland nicht, der Bund hat nicht die
Functionen, die früher der Kaiser übte, und welche auch
ihm schon aus der Hand gefallen waren. Es kommt
darauf an, wer das auf den Boden Gefallene von einer
andern Seite und mit einer zeitgemäßen Handbewegung
wieder aufnimmt, es kommt darauf an, ob Preußen
Deutschland langsam zu einem Staate macht, wozu,
meines harmlosen Dafürhaltens, mit dem Zollverbande
ein Anfang geschehen ist. Thüringen, ein Complex
kleiner gemüthlicher Staaten, war einmal vor vielen
hundert Jahren ein Staat, ein großes Königreich, es
reichte bis an Böhmen und Sachsen, beinahe bis an
die Donau und den Rhein. Das steht wie eine längst=

verklungene Sage in aſchgrauen Büchern der Vorzeit.
Seitdem brachte es Thüringen nicht wieder zu einer
Geſtalt, zu einer Perſon. Der Haus= und Garten=
ſcholle des romantiſch behäbigen Familienlebens hinge=
geben, entſtanden in ihm in aller Gemüthlichkeit die
vielen kleinen Fürſtenſitze des ältern erlauchten Sachſen=
ſtammes, während der jüngere Herrſcherzweig Theil
nahm an geſchichtlicher Bewegung und ſo den erſtge=
borenen Bruder überflügelte. Die Hinneigung zu idyl=
liſchem Familienglück hat Thüringen zu dem gemacht,
was es iſt. Man treibt Ackerbau und Viehzucht,
jagt in den romantiſchen Wäldern, heirathet und läßt
ſich heirathen, erzieht die Kinder zum Hausbedarf, hat
einige ſchlechte Chauſſeen, aber viele gute Bürgerſchu=
len, Blindenanſtalten und ſogar eine Univerſität, wo
Fichte einmal nicht leſen durfte, Schelling und Hegel
aber ihre Privatdocentſchaft überſtanden, jenen Muſen=
ſitz, an welchem ſich Schiller ein deutſches National=
publicum erziehen wollte, in welchem gegenwärtig aber
mehr Bier als Philoſophie genoſſen wird. Als ich
durch die Philoſophenhalle ging, roch es ſehr ſtark nach

Bier; ich weiß nicht, ich suchte Herrn Bachmann; traf ihn aber nicht, er hatte die Stoa so eben verlassen.

Ein Land, das kein großer Staat ist, kann es auch nicht zu einer Stadt bringen; Thüringen hat keine einzige Stadt, wohl aber eine Menge freundlicher Städtchen, wo man des Lebens modernsten Unverstand mit gemüthlicher Ruhe vergißt, nichts von Bewegungen der großen Welt weiß, sich nicht um Eisenbahnen und Dampfideen bekümmert. Thüringen ist ein Land, wo auch die gewöhnlichen Zeitungen nur von ungewöhnlichen Menschen gelesen werden. Nur in wirklichen Städten, in denen sich centrale Puncte für Verkehr und Geselligkeit gestalten, findet man einen Zusammenhang mit den großen Richtungen der Industrie dieser Zeit. Nur durch Anschmiegen und Unterordnen unter größere Zwecke können kleine Staaten sich getragen fühlen und mit dem Sinne des Jahrhunderts in Conner bleiben; die eigenen Bedürfnisse Thüringens reichen nicht sehr weit. Und da die Politik des Friedens nichts anders zu werden Miene macht, als Protectrice der industriellen Zeitbestrebungen zu sein, so ist eine einzige Stadt, wie

Frankfurt, Leipzig, um nicht Hamburg zu nennen, auch
politiſch für wichtiger zu erachten, als eine ganze Reihe
kleiner Staaten mit vielen Fürſtenſitzen und ihrer gan=
zen gemüthlich ſchönen Behäbigkeit in Haus und Hof.
So im Frieden. Und was kriegeriſche Conſtellationen
betrifft, ſo gewährt Thüringen auf der Landcharte ein
eigenthümliches Bild, wenn man ſieht, wie in dieſe
romantiſche Landſchaft ſtiller Befriedigung eine lange
preußiſche Erdzunge mit Erfurts Baſtionen tief herein=
ragt. An der Stirn der alten Cyriacsburg ſteht als
Loſungswort die Inſchrift: Laßt Euch ſchützen! Mit
dem Petersberge hat Preußen mindeſtens einen eden ſo
guten Petrusſchlüſſel zu Thüringen, als der Papſt einen
hat zum Himmel. Weiter oben im Gebirge liegen
noch zwei preußiſche Länderſtückchen; in dem einen
hat Preußen eine Gewehrfabrik. Die erfurter, mit
Kanonen geſpickte Erdzunge hängt ins thüringer Land
herein, wie ein Arm mit gekrümmtem Ellnbogen;
Suhl mit der Gewehrfabrik liegt da wie ein hingewor=
ſener eiſerner Handſchuh. So ernſt iſt's aber gar nicht
gemeint, der kriegeriſche preußiſche Arm iſt nur ein

scherzhaftes Manöver, wenn man den soliden Ernst der durch den Zollverband realisirten geistigen Umarmung bedenkt.

Alles andere an Thüringen ist eine ländliche Idylle. Um die Glückseligkeit dieses kleinstädtischen Eldorado noch zu feiern, müßt' ich ein Kind sein wie Bechstein, der noch denkt, die Leute folgen ihm, wenn er einer wilden Biene in die Berge nachläuft, um aus ihrem Gesumme eine alte thüringische Volkssage herauszuhören. Autoren dieser Art sind recht dazu gemacht, das erwachende Bewußtsein einer Zeit wieder einzuschläfern. So wie die Moden der Hauptstadt in den Provinzen nur spät und langsam Eingang finden, so geht es auch mit den Ideen, die sich an den Centralpuncten des geistigen Lebens erzeugen. Den Vendeern stieß die Revolution noch nach Jahrzehenden auf, nachdem die Welt sie schon längst verdaut und überwunden hatte. Die Welt fährt auf Eisenbahnen und Bechstein erzählt eine armselige Feengeschichte vom Hautsee. Er reist den Rhein hinunter, er reist nach Paris, und wird seine provinciellen Fadaisen nicht los.

Jetzt will ich meinen Reiseweg in Gedanken wieder=
holen. Ich kam von Leipzig nach Weißenfels. Die
edle Fanny Tarnow, die von den Stürmen eines viel=
bewegten Lebens hier in tiefer Stille ausruht, hatte
den Ort vor kurzem auf wenige Tage verlassen; es
sollte mir nicht gegönnt sein, sie zu finden. Andere
Zwecke für längern Aufenthalt ließen sich hier nicht
auftreiben. Den Schützenplatz, wo Müllner Schach
spielte und hölzerne Vögel schoß, oder gar das Haus
betreten, wo der leucopeträische Apollo allnächtlich bis
in den stillen Morgen hinein seine Hunderte von Re=
censionen über sich selber für alle deutschen Blätter
schrieb, lag meinem Reiseplan fern, der auf nichts an=
deres ging, als Deutschlands Miseren zu vergessen und
die Oasen in der Welt meines Vaterlandes aufzusuchen.
Bei alle dem blieb mir noch eine Stunde Zeit für
Weißenfels. Ich ging ins Rathshaus; an der Wand
dort, sagte man mir, klebt Gustav Adolph's Blut. Der
Leichnam des großen Königs wurde hier nach der lützener
Schlacht secirt. Ein hölzerner Schieber bedeckt die
Tropfen des theuern Blutes, das hier noch einmal

floß. Darüber hängt sein Bildniß und eine Denkschrift unter Glas. Es ist immer ein bewegender Moment, wenn unser Fuß die Spuren berührt, wo das Schicksal einem seiner erklärten Günstlinge Stillstand gebot. Mit seinen Lieblingen treibt das Geschick am liebsten sein Spiel. Ein großer welthistorischer Gedanke fällt wie ein Stern vom Himmel in ihre tiefste Seele, aber der große Gedanke wird in der Illusion der entzückten Sinne zu einem Phantom, das Unerhörtes, Unfaßbares in sich schließt. So liegt in jedem Helden der Geschichte der Keim des Todes; schon sein Blüthenleben birgt den Wurm, der es früh benagt. Gustav Adolph's Gedanken gingen, bewußt oder unbewußt, auf ein protestantisches deutsches Kaiserthum. Diesen in ihm dämmernden Gedanken zum lichten Tage zu verwandeln, war noch kein Zeitalter groß genug; das zu Große wird immer zum Phantom.

„Hier wurde dem sogenannten Schneekönig noch einmal zur Ader gelassen," sagte der weißenfelser Amtsknecht, der mich zur Stätte führte. „Der große Mann hat viel aushalten müssen; sein Leichnam hatte acht

Wunden, fünf Schuß-, zwei Hieb- und eine Stich-
wunde. Dazu kam noch das Seciren, genug, der
Mann hat gehörig herhalten müssen. Seine Einge-
weide liegen in der Klosterkirche begraden, sein Herz
legte man unter die Kanzel. Später brachte man es
nach Schweden. Unser Herr Superintendent sagt, es
habe ein Pfund zwanzig Loth gewogen."

„Eure Superintendenten müssen sehr herzlich ge-
sprochen haben, so lange sie auf dem todten Schweden-
herzen standen."

„Das thun sie noch," meinte der Mann, „sie
fassen sich nun selbst ein Herz."

Der Amtsknecht beschämte mich; ich drückte ihm
die Hand und ging. Ich lasse mich gern beschämen
von biedern Leuten aus der Volksklasse. Der Witz
der höhern Stände ist weit weniger brauchbar, weil
ihm der Halt der Gesinnung fehlt. Ein Amtsknecht,
der auf seinen Superintendenten große Stücke hält, ist
mir lieber als ein Hofrath, der seinen König lobt.

Ein Pfund und zwanzig Loth wog das schwedische
Heldenherz. Es giebt freilich Herzen, Leopoldine; die

noch weit schwerer sind, weil das Unglück einer geistge=
lähmten Zeit sie drückt. Aber nach der Schwere des
Herzens wägt man noch nicht dessen Größe. Ein gro=
ßes Herz ist aller Orten leicht, eher leichtsinnig, wenn
es sein muß, als zu Boden gedrückt; ein großes Herz
greift sich aus den Stoffen eines halbzerstörten Lebens
noch immer die nutzbaren Stücke heraus. Auch ein
gutes Herz ist leicht. O, laß mich recht oft in Dein
helles Auge blicken, recht tief, als wollte sich meine
Seele kühlen im blauen Wellenbad; — mein Herz
wird leichter, wenn auch nicht ruhiger werden.

Von Naumburg habe ich Ihnen nichts zu er=
zählen, meine Freundin. Seitdem Göschel in Berlin
ist und die naumburger Messe schlafen ging, läßt sich
von dieser Stadt nichts weiter sagen, als daß es dort
sehr viel junge Referendare und sehr viel naumburger
Wein gibt. Grund genug, um den Ort nur flüchtig
zu berühren. Das Saalthal müssen Sie selbst besuchen,
wenn Sie sich daran weiden wollen, wie hübsch der

Herr seine Sonne aufgehen läßt über Gerechte und Un=
gerechte. Ueber Eckartsberge hinaus kommt man an
die preußisch=weimarische Grenze. Dann beginnen die
schlechten Chausseen und die theuren Posten. An der
Grenzscheide steht der weimarische Löwe, der mit offenen
Augen und die Zunge hervorgestreckt auf das Nachbar=
land schaut. Ich kannte diesen steinernen Löwen schon,
aber das war mir neu an ihm, daß er jetzt eine rothe
Zunge zeigt und in den Wangenhöhlen ihm zwei dicke
rothe Thränen sitzen. Was will der gute Löwe damit
sagen? Und zu was für tiefen und quälerischen Grü=
beleien gibt der Löwe spätern gelehrten Antiquaren Ver=
anlassung! Tieck's Magister Ubique könnte diese blutigen
Thränen mit den Thränen der Pelopiden verwandtschaft=
lich finden. Schon um der schwärmerischen Gründlichkeit
der deutschen Gelehrten einen Stoff zu entziehen, muß
ich öffentlich zur Steuer des Unfugs auffordern, den
wahrscheinlich einige übermüthige Musenjünger mit rö=
ther Bolusfarbe angestiftet haben. Es gereicht mir
zu einer Art Genugthuung, hiermit zu annonciren, daß
der Löwe auf der Grenze blutige Thränen weint.

In Jena kommt man von dem Gedanken an die großen unsterblichen Todten nicht recht zu den Lebenden. Auch wurde ich hier an einen Todten erinnert, dessen Andenken der schnelle Strom der Zeit schon fortgespült hat. Ich besuchte am Ufer der Saale die Stelle, wo Ludwig Sand — tiefsinnig wurde, wie die Leute sagen, und in eine Stimmung verfiel, aus der das ganze Unheil seiner verworrenen Seele hervorging. Ludwig Sand verlor seinen Freund durch den Wellentod in der Saale. Es war der einzige Mensch gewesen, an dem sein Denken und Sinnen hing; der Schmerz über den plötzlichen Verlust des Einzigen, den er gefunden, erdrückte sein Gemüth und warf ihn einer brütenden Melancholie in die Arme. Wir wissen von Luther, daß ihm der Blitz den Freund an seiner Seite erschlug. Ein solcher Schlag schien erst nöthig, um den gutmüthigen Mönch sich in sich selbst und in der Welt der Verwirrung besinnen zu lassen. Es ist seltsam, wie das Schicksal den Menschen, mit dem es etwas will und erzielt, immer an der schwachen Seite erst zu erfassen und zu erschüttern liebt. Die sogenann=

ten menschlichen Momente im Leben sind — nicht
die bedeutsamsten, doch die, in welchen sich das Be=
deutsame bedingt. Sand war nichts weniger als ein
großer Mensch, nicht einmal ein großer Schwärmer,
aber auf unsere Theilnahme macht er immer Anspruch,
wenn wir auf die Nüancen und den Wandel des mensch=
lichen Gemüthes merken. Sie wissen, daß Sand eine
Jugendgeliebte verließ und sich förmlich von ihr los=
sagte, nicht aus treuloser Gesinnung, denn er war ein
weicher, sanfter Mensch, sondern weil er mit ganzer,
starker Seele dem Vaterlande angehören wollte, und
ein Opfer dieser Art für wichtig, für nöthig hielt. Er
machte den Feldzug gegen Frankreich mit. Bald aber
erfaßte ihn, gleichsam als Rache für die weinende Ge=
liebte, das quälende Bedürfniß, einen Menschen zu
lieben. Das Geschick gewährte ihm einen Freund.
Sie waren zusammen unter den Waffen gewesen, hat=
ten die Hitze des Tages, die Kälte der Nacht, die
Langeweile eines thatenlosen Marsches mit einander ge=
tragen, und bei dem Mangel an Gelegenheit, für das
große Ganze des deutschen Vaterlandes Bedeutendes,

ihrer Begeisterung Entsprechendes zu leisten, stumpfte sich in beiden der kriegerische Eifer ab, der sie anfangs beseelte. Was den Befreiungskriegen in Deutschland folgte, war nicht dazu gemacht, begeisterten Gemüthern Idee und Wirklichkeit in Eintracht erblicken zu lassen. So griffen sie fehl und brachten Dinge ans Licht der Welt, vor denen sich die keusche Sonne des deutschen Lebens verhüllte. Die beiden Freunde hatten sich gefunden zu gegenseitigem Halt, ihr Doppelleben war Ersatz, Befriedigung, Bedürfniß. Ich schreibe Ihnen aus meiner „Wartburgsfeier" die Stelle ab; wo Ludwig Sand den Tod seines Freundes erzählt.

„Unsere Seelen waren eins geworden, wir hatten nur eine Begierde und denselben Wunsch; nichts konnte uns trennen als der, welcher Alles trennt, was noch so eng verbunden scheint. Siehst du den Strudel dort im Laufe der Saale; das Mondlicht bestrahlt ihn eben, drüben an dem Vorsprunge des Landes; dort wurde mir der Freund entrissen, ein Raub der Wellen, die ihn trügerisch zu jenem Schlunde lockten. Wir wandelten an einem Sommerabend am Gestade des Flusses.

Die Luft war lau und mild. Meinen Heinrich reizte
die kühle Fluth, und während ich am Ufer saß, schwamm
er rüstig zum jenseitigen Ufer hinüber und zurück. —
Zur Begleitung der Guitarre sang ich des Freundes
Lieblingslied; wenn der Schlußchor kam, dann stimmte
er mit ein und jubelnd wiederholten wir den Refrain.
Es war eines jener deutschen Bundeslieder, welche die
Seele zu den Gefahren des Kampfes, ja zum Schlach=
tentod ermuthigen; es war meines Freundes Schwa=
nenlied. Wenn ich den Schlußvers begann, war er
bald näher, bald entfernter von mir, und dann vernahm
ich seinen Gesang nur schwach durch das Rauschen der
Wellen hindurch. Auf einmal jedoch war's, als hört'
ich seine Stimme nicht mehr, und auch das Plätschern,
womit er den Takt begleitete, war verstummt. Ich
sang noch einen Vers: die Wellen sprudelten, aber Nie=
mand fiel zum Gesange ein. Ich sprang auf, eine Angst
befiel mich. Sehen konnt' ich nichts mehr bei der nächt=
lichen, sternlosen Dämmerung, ich rief, erst ängstlich
leise, dann laut und immer lauter in der Verzweiflung
meines Herzens. Stumm und lautlos blieb es rings=

um, und die dunkle Fluth stierte mich an, wie ein weites, gleichgültig verschlingendes Grab. Es war so. Am andern Morgen fand man die Leiche meines Freundes am Ufer; ein Krampf mochte ihn erfaßt und stumm und spurlos in das feuchte Grab versenkt haben."

Es ist seltsam Dina, daß meine Reise durch Thüringen, wie ein Wandel von einem Todtenhügel, einem Denksteine zum andern war. Thüringen ist bedeutsam durch seine großen Todten. Hundert Schritte von dem schönen Obelisk auf dem Schlachtfelde von Groß=Görschen steht die junge Eiche, unter welcher der Prinz von Hessen=Homburg verschied. Bei Wölsdorf, auf dem Wege von Saalfeld nach Rudolstadt, ist die Stätte, wo der Prinz Louis von Preußen fiel. Von dem eisernen Monumente, das den Ort bezeichnet, will ich nicht reden; Varnhagen von Ense hat ihm ein geistiges Denkmal gesetzt, das alles Metall überdauert. Von Altenburg aus besuchte ich den alten lieben Thümmel auf seinem Landsitze. Man findet ihn unter seiner Lieblingseiche sitzend, aber leider nicht mehr auf der Rasenbank, sondern tief unter ihr. Da hat er sich sitzend

begraben laſſen, als achtzigjähriger Greis, der treffliche
Mann, dem ich den einen Fehler, den er ·beging, nicht
verzeihe. Es war ein Hauptfehler, daß er ſtarb. Män=
ner von ſo erfreulichem Muthwillen des Geiſtes ſollten
nie ſterben; ſie ſind rar im deutſchen Leben. — Dieſer
liebenswürdige, bequemlichkeitsluſtige Epikuräer, er wollte
es ſich bei der dereinſtigen Auferſtehung ſeiner Gebeine
bequem machen, darum ſitzt er begraben und liegt nicht.
— Es iſt immer hübſch, menn man bedenkt, wie ſich
die Menſchen beerdigen laſſen; gehört doch das Sterben
und Todtſein auch zu unſerm Leben.

Einen andern, romantiſch ſchönen Gedanken hatte
Herzog Ernſt der Zweite von Gotha in Bezug auf die
Beſtattung ſeiner Hülle. Ich wäre vielleicht, als ich
in Gotha war, nicht darauf gefallen, das Grab=Eiland,
wo die fürſtlichen Monumente ſind, zu beſuchen; aber
es trieb mich damals auf eigene Weiſe zu den Todten.

In dem Gaſthauſe, das außerhalb der Stadt liegt,
gab man mir einen Erbacher zu trinken, der mir die
Luſt einflößte, unter Gräbern zu wandeln. Es war
ein Erbacher von ſeltner Qualität. (Als ich am Rhein

war und die Abtei Erbach sah, begriff ich erst, daß
der gothaische Erbacher ein wirklicher Erbacher war.
Ich besuchte das dortige Zucht- und Irrenhaus, denn
in ein solches ist die ehemalige Abtei Erbach verwandelt.
Der gothaische Erbacher war ein, den Züchtlingen und
Irren ausgepreßter Thränenstoff; so ein wirklicher Erbacher mochte das Wermuthsgetränk in Gotha sein.)
Ich witterte Todesgedanken, mehr in meinem Leibe
als in meiner Seele, aber weil Leib und Seele so eng
zusammenhängen und der Wein sie verschmilzt zu einem
Stoffe, so strebte auch meine Seele nach Grabesruh,
der Erbacher hatte mich um alle Lebenslust gebracht.
Demnach ging ich auf das Grab-Eiland, vergaß, was
mich hingetrieben und söhnte mich durch das Andenken
an den edlen Ernst II. mit dem Leben aus. Dieser
als Mensch und Fürst Unvergeßliche hatte den Lieb-
lingsgedanken, sich ohne Sarg in den frischen Schooß
der Erde betten zu lassen. Es ist ein schöner Gedanke,
sich und sein Irdisches mit der mütterlichen Erde zu
vermählen, ohne daß erst die Scheidewand eines eklen
Sarges vermodern muß. Da ich nicht tief in einem

Flußbette, wie König Alarich, meine Ruhestatt finden
kann, so möchte ich wenigstens ohne die jämmerlichen
sechs Breter unter frischkühlem Hügel schlummern. So
im Tode todt zu sein, ist fast so wünschenswerth, als
im Leben zu leben ohne Scheidewand conventioneller
Vorurtheile. Diese will ich einreißen, so viel ich kann
und mag; packt man mich dereinst gegen meinen Wil=
len zwischen Sargwände ein, so befehle ich meinen
Würmern, das Ihrige zu thun. Und da ich nichts
hinterlasse, wenn ich sterbe, so sollten meine Erben auch
die Paar Dreier für einen schwarzen Holzkasten sparen.
— Ohne Sarg wollte Herzog Ernst seinen Leib der
heiligen Mutter Erde anvertrauen, und so ruht er auch
unter dem schönen Akazienbaume auf dem Grab=Ei=
lande. Die Akazie ist für das Grab eines edlen Für=
sten, der Kunst und Wissenschaft gepflegt, ein sehr pas=
sender Baum; er ist auch für jeden Deutschen, der in
seinen Gefühlen und Gedanken ein Deutscher war, ein
treffliches Symbol nacheifernden Strebens. Die Akazie
ist ein Baum von nur mittlerem Wuchse; zu hoch
darf sie nicht schießen, sonst schneidet man ihr die Krone

ab. Sie hat stachelige Aeste, die Stacheln sind gute
Waffen. Ihre hängenden Trauben mit den weißen
Blumen würzen um sie her die Luft, und wenn du
unter ihren Zweigen schläfst, so schüttelt sie aus den
schwarzbraunen Hülsen Körner auf dein stilles Grab,
zum Zeichen dessen, daß dein Leben doch nicht ganz
ohne Samen für die Zukunft blieb, selbst wenn du nie
eine volle Frucht treiben durftest. — Kommt mir nicht
mit der Eiche, als angeblichem Symbol deutschen
Wuchses. Die Deutschen dulden keine Eichen mehr.
Auch ist die Eiche, ihrer Trebern wegen, nicht geradezu
ein poetischer Baum. Und angenommen, sie gebühre
dem Helden für sein Grab: ich möchte sie nicht für
jeden Helden paßlich finden. Blüchern kommt ein
Eichbaum neben seinem Hügel zu; dieser Mann hatte
als greiser Krieger etwas von der Eiche an sich und ihm
fehlten auch nicht die Trebern. Aber einem Helden,
der mehr als ein großer Corporal, der auch als Mensch
die andere Seite seines Lebens zur schönen Entfaltung
brachte, dem pflanze man, hoch oben auf einem Hügel,

eine Akazie mit langen Zweigen und einer duftenden Blüthenkrone auf sein Grab.

Auch ein schöner Gedanke, sich auf der Spitze eines Berges sein Grab zu bauen, wie die Herzogin von Curland in der Nähe ihrer Villa bei Altenburg. Sie ist bei der Auferstehung dem Himmel näher als wir in der Tiefe. Aber ruhte sie auch unter der Wölbung eiserner Pforten im Abgrunde eines Verließes: der Segen der Tausenden, denen sie wohlgethan, höbe sie doch schnell wie auf Flügeln gen Himmel!

In Weimar verkehrt man mit den Todten, selbst wenn man die Lebendigen aufsucht. An seinen großen Todten hat Weimar seine geistige Gegenwart. Nicht als ob man die selbstständige Bedeutung einzelner Persönlichkeiten im jetzigen Weimar läugnen könnte. Der geistvolle Froriep bewegt sich in einer Welt des Wissens mit all' der geistigen Grazie, die an deutschen Gelehrten so selten wahrnehmbar ist; der Kanzler v. Müller, der Biograph Karl Augusts und der Großherzogin Louise, correspondirt noch immer mit dem Universum; der Consistorialpräsident Peucer hält sein wachsames Auge auf

deutsche und französische Jugend gerichtet; Stephan
Schütze, der Mann von „Liebe und Freundschaft", der
mit seiner Theorie des Komischen unter den Erschei=
nungen der großen goldenen Vergangenheit Weimars
wie seine Romanfigur, der unsichtbare Prinz, zwischen=
durchlebte, auch dieser hat seine Geltung von eigenthüm=
licher Art, er liest bei Hofe vor oder läßt vorlesen und
tractirt seine theoretischen Gedanken mit Anmuth und
Würde; der Freiherr August v. Sternberg, der feine
Salonnovellist, ein geborner Liefländer, macht seine
Wintersaison in Weimar; der Freiherr von Biedenfeld
hat unausgesetzt seine Wohnung dort; Schorn, der
Nachfolger des alten Kunst=Meyer, schreibt in Weimar
sein Kunstblatt; von Jena, der geistigen Vorstadt und
Werkstätte, treffen bedeutsame Gelehrte noch immer
hier vereinzelt ein, und zahlreiche Fremde wandeln noch
immer Jahr aus Jahr ein mit Andacht und Erhebung
auf den geweihten Spuren einer großen, fast wunder=
baren Vergangenheit. Allein, nicht die vereinzelten
Kräfte machen und füllen eine geistige Gegenwart;
sonst stände Berlin mit dem abgesperrten Einzelleben

höchst bedeutsamer Persönlichkeiten ganz einzig und ver=
gleichlos da in den deutschen Zuständen. Erst das In=
einandergreifen der Kräfte führt zu einem vollen leben=
digen Dasein, wie dies in der Concentration von Paris
der Fall ist. In Berlin schwimmt man von einer
großen Insel zur andern, es gibt dort keine Brücken
in der trostlosen Getrenntheit, es fehlt die befruchtende
Gemeinschaft, die Nöthigung zur Gegenseitigkeit, wor=
aus sich erst ein voller, ganzer Lebensprozeß entwickelt.
Dies war in Weimar zu Zeiten gewesen, ein in Deutsch=
land sonst nirgend vorhandenes Schauspiel. Fürsten
und Gelehrte, Dichter und Staatsmänner lebten hier
ein zusammengehöriges Dasein. In Paris schließt der
Salon, für den man sein Bestes und Eigenstes dar=
bringt, eine große Gemeinsamkeit des gesammten Lebens
in sich; in dem deutschen Athen an der Ilm reichte die
gegenseitige Lebensbefruchtung noch weit tiefer bis in
das Studirzimmer, wo der Dichter saß und über seine
Werke sann, bis in das Boudoir, wo das weibliche
Herz an den geheimen Pulsschlägen den Gewinn des
Lebens zählte. Weimar glich einer einzigen geistigen

Familie, es erschien wie Gemeingut, was hier ein Fürst wollte, ein Dichter ersann; daher auch noch jetzt in Weimar die Achtung vor productiven Köpfen jedweder Art, die zu diesem Reichthum beisteuerten, und der Stolz auf den Besitz eines solchen Familienschatzes. Schon mit Wieland und Herder begann dieser Zustand. Es war äußerlich nur en miniature ein Mittelpunkt des deutschen Geisteslebens, aber so klein die äußere Scholle, so ausgedehnt waren die innern Linien dieser Concentration, es waren lauter Menschen ersten Ranges, die den Staatshaushalt dieser Gesellschaft verwalteten, Goethe und sein großer Fürst hielten ein Universum des Wissens um sich versammelt, so in sachlichen Schätzen wie in Persönlichkeiten, die aus aller Welt, um hier zu huldigen, ab= und zuströmten, und der Gedanke einer Weltliteratur war in dem Kopfe des größten Mannes von Weimar ein ganz natürlicher, durch die Gunst der Zustände sich wie von selbst ergebender. Ist nun gegenwärtig der Kreis der Männer nicht mehr derselbe, so ergeht es Weimar, wie es Sparta erging. Sparta's Weiber bewahrten noch lange Zeit den alten

Geift, der in dem neuen Geschlecht der Männer ver=
loren ging. Dies treue Bewahren bezeichnet auch das
Herz des deutschen Weibes. Es gibt in Weimar eine
ziemlich bedeutende Reihe von Frauen, die in den
Ideenstoffen, an dem Ringen und Streben der Män=
nerwelt von alter Zeit erwuchsen und die im Athemzuge
jener mächtigen Naturen leben und weben als erfüllten
diese Geifter noch immer mit den frischeften Kräften
eine lebensvolle Gegenwart. Daß bei dem relativen
Verhalten, das auch in geiftiger Sphäre den Frauen
eigen ift, die Geftalten der Männerwelt wechseln, hebt
die Regsamkeit der weiblichen Seele noch nicht auf.
In diesen weimarischen Frauen wolle man nicht soge=
nannte geiftreiche, buchgelehrte Weiber sich vorstellen,
solche möchten weit mehr in dem abstracten Berlin zu
finden sein; die Frauen in Weimar sind Gelehrsam=
keiten, die aus den wechselvollen Wundern der Gefühls=
welt ihre Weisheit schöpften. Diese Weisheit, dem
Leben damals entnommen und für Lebendige gültig,
kam theilweise in einem „Chaos" zum Ausspruch, einem
Journal, das anonym in allen Sprachen geschrieben

wurde. Weimar war für Franzosen, für Schweizer,
Russen und Engländer eine hohe Schule menschlicher
Herzens- und Geisteskunde geworden und nachdem
Goethe mit Byron und den zahlreichen Faustübersetzern
in den lebhaftesten persönlichen wie brieflichen Verkehr
getreten war, galt dieser germanische Musensitz ganz
besonders den Söhnen der drei Inselkönigreiche für eine
wahrhaftige Academie, wo die Tiefe des deutschen Gei=
stes, die Wärme des deutschen Gemüthes zu studiren
war. So pflegen hier noch deutsche Frauen die Uni=
versalschätze des vaterländischen Lebens, und insofern
dies wie eine Fortsetzung dessen erscheint, was die He=
roen der alten Zeit anregten, hat die geistige Gegen=
wart Weimars, wie ich sagte, ihren Anhalt an der
Vergangenheit.

Natürlich ist Goethe der Angelpunkt aller Rücker=
innerung, und wenn dieser Mann, nachdem er durch
die Schöpferkraft activen Gestaltens nach den verschie=
densten Seiten hin seine Nation bewegt, nachträglich
durch die Ausströmungen seines spätern ruhig behädigen
Sinnens und Denkens noch immer eine Welt beschäf=

tigt, so erscheint es begreiflich, daß die Goethischen Le=
benskreise in der Gesellschaft wie bei Hofe noch immer
die eigentlichen Linien der geistigen Bewegung sind.
Ganz harmlos und in die Größe seines Gegenstandes
tief versenkt, überlieferte erst neulich ein getreuer Eckart
sein Abgehorchtes der in Haß und Bewunderung zwie=
spältigen Welt. Er hat, ein lerndegieriger Knabe, dem
greisen Patriarchen von Weimar zu Füßen gesessen, die
Schreibtafel in der Hand, eine willenlose Hingebung
in der Seele, eine unbedingte stille Anbetung im Auge.
Ueder diese getreue Eckartsnatur in Weimar würde ich
weniger staunen, wenn es ein Weib wäre, das hier für
die Goetheschen Gedanken aus letzter Hand ein so duld=
sames Gesäß abgidt. In der aufgelösten Willenslust
einer schrankenlose Liebe, in dem Selbstopfer der eigenen
Gedanken liegt nicht selten eine tiefe Bedeutsamkeit des
weiblichen Gemüthes. Und diesen Eckart hat eigentlich
auch schon ein Weib überflügelt, und in der maßlosen
Hingebung eines ganzen, vollen Herzens übertroffen,
ich meine Bettina, das schwärmerische Mädchenweib,
das mit aller Gluth einer heißen Entzückung den Dich=

ter liebte, ſich an ſeine Bruſt ſchmiegte und von der
Glätte der kühlen Wölbung herabgleitend, ihm zu Fü=
ßen kauerte, auch noch in Thränen geſchwätzig wie der
Bach, der ſich unter dem Felſen fortwindet. Goethe
war zum Glück dieſer hohe Fels voll männlicher Größe
des Geiſtes, an dem die Ueberſchwänglichkeit einer rath=
loſen, wenn nicht irren Begeiſterung ſich unſchädlich
abmühte. So viel Fanatismus der Liebe mußte noch
verlautbaren, als Goethe ſchon todt war; mit ſo viel
Sammlerfleiß mußte Herr Eckermann noch jetzt der
Welt einen ſo großen Dienſt leiſten, da wir ſchon glaub=
ten, dieſer Brunnen ſei ausgeſchöpft genug. Und hat
ſich die phantaſtiſch verzückte Liebe, und die lernbegie=
rige Knappentreue nun genug gethan, um dieſen Heros
zu feiern und als den einzigen Centralpunkt deutſchen
Lebens hinzuſtellen? Es ſteht die Frage. Selbſt Heine'n,
dieſem anfänglichen Champion einer neuen, über Goethe
hinweggeſchrittenen Zeit, iſt die Lampe des Witzes völlig
ausgegangen, wenn er von dem Heros in Weimar ſpricht.
Wahrlich! es muß eine urgroße Natur geweſen ſein,
weil auch ſeine Nachzeit noch nicht über ihn hinweg=

konnte, obwohl sie es möchte und es will, weil sie muß.

In Goethe's Hause, als ich es betrat, sah es leer und unwohnlich aus; die Penaten schienen noch zu trauern. Es war kein Palast, dies Geschenk des verstorbenen Großherzogs, aber ein Asyl comfortabler Säuberlichkeit. Die große, steinerne Treppe im schönen Atrium hatte sich der Dichter selbst ausbauen lassen, um seinem Hange zum plastischen Alterthum zu genügen; sie war das classische Proscenium zu den Empfangzimmern und den wohnlich bequemen Gemächern. Ein breites, kräftig geformtes „Salve" begrüßt dich, wenn du die Schwelle betrittst, die zu ihnen führt; über der Thür aber siehst du einen leeren Jupitersessel, auf dem die Gestalt des Gottes fehlt. Ganz oben in den Mansarden wohnte in den letzten funfzehn Jahren seines Lebens die Schwiegertochter Ottilie, von der die Leute fälschlich sagen, sie habe Zusammenhang mit der Ottilie in den Wahlverwandtschaften. Dieses Buch schrieb der Dichter im Jahre 1809 und die wirkliche Ottilie war vielleicht als Kind damals oft in seiner Nähe. Aber

in dem Dachstübchen oben saß später die romantische
Schwiegertochter des classischen Dichters und redigirte
das anonyme „Chaos", das dem alten Herrn so viel
Vergnügen machte; dort oben edirte sie vielleicht die
englische Uebersetzung des Tasso. Die Besuchzimmer
in der ersten Etage waren groß und ministerlich einge=
richtet; dort empfing der Dichterfürst die Huldigungen
aus allen Zonen der Welt, und ging, im langen Ober=
rock, die Hände auf dem Rücken, sinnend auf und ab.
Das kleine niedrige Arbeitszimmer mit den derben,
schlichten Möbeln bezeichnete den frankfurter Bürgers=
sohn, der in Goethe's Natur nie ganz verloren ging.
Die harmlose, fast karge Einfalt in diesem Gemach hat
etwas Rührendes. Ich dachte unwillkürlich an Luther's
kleine Wartburgszelle; an die dürftige Kammer, wo der
Reformator des mittelalterlichen Glaubens die deutsche
Bibel schrieb. Und aus dem Goetheschen Kämmerlein
traten die größten deutschen Dichtungen hinaus in die
weite Welt, die sich Jahrhunderte lang mit ihnen be=
schäftigt. Dort hatte sich Goethe den hohen Schädel
des geliebten Schiller aufgestellt, ein Heiligthum, das

er viele Tage lang mit religiöser Pietät betrachtete.
Und in diesem Zimmer, im schlichten Lehnsessel starb
er auch, den Kopf auf das Kissen gebettet, das die
Schwiegertochter Ottilie hielt. Eigentlich starb Goethe
nicht, auch leiblich nicht, er lebte blos aus, verhauchte
ruhig. Nicht die erschütterndsten Krankheiten, nicht
der Blutsturz wenige Jahre vorher, hatten sein Leben
brechen können; wie von selbst standen seine Pulse still,
ohne Sträuben, und ohne die Harmonie seines Daseins
zu stören. Schön und plastisch, wie sein Leben, war
sein Tod.

In Schillers Hause sah es sehr wohnlich aus.
Schon sein Aeußeres macht einen bedeutungsvollen Eindruck. Nicht so frei mit der breiten Brust herausgekehrt, wie das Goethische Gebäude, steht es bescheiden
da, etwas versteckt im Erdreich mit seinem Fuße, mit
dem verhältnißmäßig schweren Obertheil und dem Dache
herüberhängend, wie sich Schillers hohe, gedanken-
schwere Stirn auf seine Brust zu neigen gewohnt war.
Die grünen Jalousien geben dem Blicke ein ahnendes
Verlangen, in das Innere dieser großen Arbeitsstätte

zu bringen. Eine hölzerne Treppe, nichts weniger als
elegant, führt in den ersten Stock, wo Schiller's Fa=
milie bequem und nobel wohnte; noch einige Treppen=
absätze höher und man betritt des Dichters eigene Zim=
mer. Der jetzige Besitzer des Hauses, ein freundlicher
lieber Alter mit runder Stirn und vollem Gesicht, ge=
leitete uns selbst hinauf, mit geschäftiger Zunge und
mit bewegtem Herzen die Einzelnheiten der frühern
Einrichtung erläuternd. Ich hätte ihn küssen mögen
für die Pietät, die aus seinen Augen strahlte, wenn er
von Schiller sprach, diesem betenden Priester der Ka=
mönen, der mit Händeringen seinem heiligen Geschäft
oblag. In der schmalen Kammer stand noch die Bett=
stelle, auf welcher der Dichter ruhte. „Nur hatte sie
keine Füße", sagte der gute Herr, „sie lag platt mit
dem Rumpfe am Boden." — Schiller liebte es nicht,
ins Bett zu steigen, er streckte sich nur so hin, wohl
wissend, daß seines Bleibens auch in der Nacht nicht
immer lange war. Im Traume, oder wenn er wachend
ruhte, fiel ihm oft ein Gedanke von Bedeutung ein,
den er noch mit der Wirksamkeit der frischen Empfäng=

niß zu Papier bringen mußte. Jede starke Körperbe=
wegung verscheuchte ihm aber den Gedanken, den ihm
die Muse wie einen leisen Nachtkuß auf die Stirn ge=
haucht. Er schob sich vom niedrigen Lager sanft in die
Höhe; Licht und Material waren nahe bei der Hand,
und wenn das Geheimniß dem Griffel anvertraut war,
bog er sich wieder still zurück auf sein Ruhebett. Am
Morgen stand es dann da wie ein riesenhafter Traum=
gedanke aus einer dem Leben entzogenen Welt des
Ideals, und er machte sich an das mühsame Geschäft,
gleich in die nächste Arbeit, welche ihm vorlag, die der
Nacht abgelauschte Offenbarung irgendwo und wie ein=
zupassen. Daher in seinen Dramen die mancherlei me=
taphysischen Einschiebsel einer überwachen Geistesregung.
Und das ungeahnet, wie eine Gabe der Götter Em=
pfangene mußte auch gleich zur Erscheinung gebracht
werden. Rang er nun am hellen lichten Tage damit,
den überschwänglichen Gedanken einem menschlichen Ver=
hältniß einzuverleiben, so entstand dadurch jener Zwie=
spalt zwischen Form und Gehalt, den die pomphaft
verbrämende Diction nicht immer glücklich verdeckte.

Schiller mußte alles erringen und erzwingen. Es waren nur seltene Momente, wo ihn beim Dichten der idyllische Friede eines ruhigen Ergießens überschlich. Und was, wie der Toggenburg, der Wilhelm Tell, in klarster Einfachheit empfangen und hingestellt zu sein scheint, unterlag oft am meisten schmerzvollen Umarbeitungen. Er hat immer mit Qualen geboren wie ein Weib, und doch sonst nichts von der Natur des Weibes verstanden. Nie hat er eine Geburt still in sich walten lassen, wie eine Mutter ihr Liebstes unter dem Herzen trägt. Mit den Stoffen, auf die er stieß, schlug er sich mächtig herum, er mußte alles erst erobern. Aus diesem Ringen erklären sich die göttlichen Tugenden und die dichterischen Schwächen seiner Werke; diesen Kämpfen unterlag so früh sein hoher Geist.

„An diese Bettstelle des großen Dichters,“ sagte der freundliche Herr, „habe ich mir nun Füße anschrauben lassen. Uns kleinen Sterblichen thun vier Füße zum Halt oft recht Noth.“

„Ja wohl, ja wohl,“ sagte ich etwas confus, „uns kleinen Sterblichen thut ein Standpunct auf allen Vieren oft recht Noth, sonst halten wir es nicht lange aus in dieser schlechten Welt."

Der Mann glaubte, ich hätte einen Scherz gemacht, und äußerte lächelnd, es wäre ihm lieb, einen heitern Menschen in mir kennen gelernt zu haben, der doch zugleich so viel Pietät habe für den edelsten aller Dichter. — Andere kämen und begafften das Ding und gingen stumm ab oder sagten: es ist doch schade um den großen Schiller! — Man spielt vor den Reliquien großer Männer, sagte ich, immer eine schlechte Rolle, man mag sich stellen, wie man will.

Der gefällige Weimaraner erzählte uns sein erstes persönliches Zusammentreffen mit Schiller. Es war in einem ländlichen Wirthshause nahe bei Dresden. Schiller, damals Professor in Jena, hatte dem längst gehegten Wunsche Raum gegeben, einige Tage der Ferienzeit in Dresden zuzubringen. — In einem Winkel des Gastzimmers saß eine hohe magere Gestalt, das bleiche Gesicht mit der königlich leuchtenden Stirn der Umgebung abgewendet, das große stillbrennende Auge dem Fenster zugekehrt. Der Fremde schien, indem er

da war, nicht gegenwärtig zu sein nach Zeit und Ort.
Niemand kannte ihn, er saß ruhig und mochte auf Er=
frischungen warten, obwohl er nichts bestellt hatte.
Hohe Reitstiefeln und Sporen, die er trug, ließen ver=
muthen, der Fremde sei zu Pferde gekommen, obwohl
die Knechte im Hause von einem Pferde nichts wußten.
Das Gespräch drehte sich um die Erzählung eines Hin=
zugekommenen, der so eben auf der Landstraße ein her=
renloses Reitpferd aufgefangen hatte. Der Hinzuge=
kommene war eben der freundliche Mann aus Weimar.
Man erschöpfte sich in Vermuthungen über den verun=
glückten Reiter des flüchtigen Gauls. „Es wird das
meinige sein," sagte der Fremde, und sein blasses Ge=
sicht überflog eine leise Röthe, mehr aus unfreiwilliger
Anstrengung, am Gespräche Theil zu nehmen, als aus
Scham, seine beklagenswerthe Ritterlichkeit einzugeste=
hen. Schiller hatte sein ungezogenes Roß nicht bän=
digen können; ich weiß nicht, war er abgeworfen oder
abgestiegen und hatte das widerspänstige Thier laufen
lassen, um mit der Reitgerte in der Hand den nahen
Gasthof zu erreichen. „Es lachte Niemand!" betheuerte

der Erzähler mit erhobenem Pathos, „die stille aber
mächtige Gewalt, welche der Anblick dieses höhern Men=
schen einflößte, bannte zu sehr die Gemüther!" —

Das große Zimmer, in welchem Schiller zu arbei=
ten pflegte, — ein Eckzimmer, nach beiden Seiten mit
Fenstern, — ist nach dem Bedürfnisse des jetzigen Ge=
brauchs sehr verändert. Der Besitzer des Hauses be=
stimmte es für zufällige und unvorhergesehene Besuche.
Dies war gerade der Fall, als wir es betraten. Weib=
licher Putz von dürftiger Art lag hier und da zerstreut, ein
Reisebündel war aufgeschnürt. Vom Sopha erhob sich
eine nicht mehr ganz junge Frauensperson von betrüb=
tem Aussehen und bekümmerter Miene. Es war eine
weitläufige Verwandte des Hausherrn, eine Schauspie=
lerin, die einer kleinen Erbschaft wegen nach Weimar
gekommen war, vielleicht auch ein Engagement dort
suchte. Lieber Himmel! an dem Orte, wo Schiller's
Genius die Grundpfeiler einer deutschen Nationalbühne
schuf, — eine arme Komödiantin!

In der schönen großherzoglichen Gruft ruhen Schil=
ler's und Goethe's Gebeine. Man steigt, ist man die

Treppe hinab, die zum untern Gewölbe führt, eine
kleine Leiter hinan und guckt durch ein Gitterfenster der
verschlossenen Thür in den dunkeln Todtenraum, wo
die Särge stehen: Der Führer, ein Wächter, der vorn
am Eingange des Gartens wohnt, ist als einsylbiger
Cicerone wider Willen ein getreues Organ der Volks=
stimmung. „Hier vorn," sagte der gute Mann, „das
ist der große Schriftsteller Schiller, dort neben ihm
ruhen der berühmte Herr Geheimbderath von Goethe."
Wie man dort zu Lande den Namen Schiller aus=
spricht (es klingt gedehnt wie S chihler) so liegt darin
das ganze Gewicht einer rührende Liebe; Goethe'n aber
gibt man seinen „Herrn Geheimbderath" respectvoll mit
auf den Weg.

Wieland's Grab in Osmannstädt habe ich nicht
besucht, wohl aber fiel mir Herder's Denkstein in der
Hauptkirche zu Weimar schwer aufs Herz. Der glück=
liche Wieland! Er hat des lachenden Glücks genug
gehabt im Leben und nun liegt er auch noch im Tode
unter blühendem Buschwerk, wo Vögel locken und lie=
den. Ich will nicht sagen, daß Wieland's Leben ohne

Mühsal und Arbeit war, von der Sorge literarischen
Erwerbes sprechen seine Briefe an Merck genugsam;
aber die Arbeit trieb er wie eine vergnügliche Lust, er
schäkerte es sich zusammen. Glücklich ist, wer sich und
seinem Naturell Genüge thut, sei's im ernsten Schaffen
oder im Genießen. Herder's Wesen aber war nicht
nach allen Seiten hin erschöpft. Er fühlte das Be-
klemmende seines Priesterrockes, den er über seinen
freien Menschen gestülpt hatte. Er trug die faltigen
Gewänder mit Anstand, mit hoher Würde, aber nicht
zum eigenen Behagen. Ein buntbewegtes, farbenreiches
Blüthenleben erschloß für viele andere jüngere Geister
um ihn her auch die freie Sinnlichkeit zu menschlichem
Genuß, Fürsten und Dichter schwelgten in aller Fülle,
die der Kuß des Augenblicks gewährte, und Herder,
ein voller Dichter, ein ganzer Mensch, zog die schwarze
Hülle immer enger um seine Glieder; ein Hohepriester,
mußte er kalt thun, wo warmes Leben wogte, sich ab-
schließen und langsam verhärten. Der geniale Wolf-
gang trieb sein Wesen, daß selbst Wieland, der lächelnde
Myrtill, sich kopfschüttelnd verkroch. Herder blickte, wie

eine gothische Warte, einsam und verlassen auf den üppigen Wuchs des jugendlichen Lebens. Das Bewußtsein eines nur halb erfüllten Daseins verließ ihn selbst in der Todesstunde nicht; er starb an sich irre, während es andern, weniger Edlen, gestattet war, ruhig zu entschlafen. Seines Hohepriesteramtes eingedenk, hat man ihm in der Kirche den Denkstein gesetzt, aber seinem Wahlspruche zufolge, der auf der metallenen Platte steht, hätte man ihn unter blühenden Myrthen und Rosen beerdigen müssen, damit sein großes Herz, das auch den weltlichen Offenbarungen des Geistes entgegenschlug, noch im Tode ein stilles Genüge fände. Sein Wahlspruch war: Leben, Liebe, Licht!

Auf dem alten Kirchhofe in Weimar liegt Musäus. Auch ein Theolog, mit dessen Amt der Wahlspruch: Leben, Liebe, Licht! nicht gut passen wollte. Aber beides löste sich in ihm früh auseinander, und aus einem verdorbenen Manne Gottes wurde ein witziger Schriftsteller. In Jena war er geboren, in Eisenach wurde er Candidat. Aber Pfarrer konnte er nirgend werden; die Bauern widersetzten sich seiner Wahl, denn

sie hatten ihn tanzen sehen. Diese banausische Em-
pfindsamkeit der deutschen Bauern und bäurischen
Deutschen, wie liebe ich sie! Wir verdanken ihr einen
satyrischen Menschen mehr, denn dem gutmüthigen Can-
didaten blieb nun nichts weiter übrig, als ein satyrischer
Mensch zu sein. Es war keine Bosheit in dem guten
Musäus, alles blieb pure Einfalt und Menschenliebe,
aber er hatte doch nun etwas zu belächeln, und da man
ihm kein Brot gab, wovon er leben konnte, so lebte er
nun von seinem Lächeln. Er lächelte in seinem „Gran-
dison dem Zweiten," und geißelte in den „physiogno-
mischen Reisen" die Verkehrtheiten der deutschen Speculation auf dem Felde der Lavater'schen Forschungen.
Dabei blieb er seinem Volke treu, dachte und schrieb für
sein Volk. Seine Mährchen machten ihn zu einem
der liebenswürdigsten Volksschriftsteller. Später wurde
er in Weimar Pagenhofmeister und Gymnasialprofessor,
aber sobald er ein gemachter Mann war, ging sein Witz
zu Ende; ein gemachter Mann muß eine faltige Stirn
haben und darf nicht allezeit lächeln. Es ist sehr gut
ein gemachter Mann zu sein, allein es ist doch noch

weit beſſer, keiner zu ſein und immerfort lächeln zu
dürfen bis an ſein ſeliges Ende. Es kann einer lächeln
und immer lächeln und doch ein ſehr ernſter Mann
ſein, und es kann einer eine allezeit ernſte Miene
machen und doch ein Narr bleiben ſein Lebelang.

Nicht weit von Muſäus liegt Lucas Müller, nach
ſeinem Geburtsorte bei Hildburghauſen Cranach genannt. Ganz Thüringen iſt voll von Werken dieſes
Malers, auch in Eisleben, Nordhauſen, bis nach
Sachſen tief hinein, in Naumburg und Wittenberg,
findet man Altarblätter von Cranach. Man zählt 400
Gemälde, 300 Holzſchnitte von ſeiner Hand, von Luther
exiſtirten allein 45 Bildniſſe, die Lucas Cranach malte.
Ich weiß nicht, iſt es Zufall oder Abſicht, daß die Inſchrift auf ſeinem Grabe ihn den ſchnellſten, nicht den
berühmteſten Maler nennt, aber es ſteht in der That
pictor celerrimus ſtatt celeberrimus dort zu leſeu.
Man hat an ſeinen Gemälden Anatomie und Perſpec-
tive vermißt. Beides liegt ſehr im Argen bei ihm,
wie bei allen deutſchen Malern ſeiner Zeit, während in
Italien ſchon durch Leonardo da Vinci's und Michel-

angelo's anatomische Studien die Gesetze der Rundung
und Verschiebung wissenschaftlich begründet waren. Aber
nach Italien ging Cranach nicht, er war Lutheraner,
er mochte und konnte nicht schwärmen. Nur nach den
Niederlanden ging er, und vollendete dort die haus=
backene Spießbürgerlichkeit seiner Manier. Der dau=
ernde Glanz seines Colorits kann ihm nicht zu hoch
angerechnet werden; dies war Gemeingut seiner Zeit. *)
Die Portraits, die er malte, sind in ihrer handfesten
Treue höchst merkwürdig und vortrefflich; ruhige Ge=
sichtszüge malte er beinahe schön, aber alle Leidenschaft
wurde unter seinem Pinsel widrige Verzerrung, nicht
aus Uebermaß, sondern aus Mangel an Phantasie.
Wie soll nun aber eine Maria, ein Gottmensch, auf=
gefaßt werden ohne Leidenschaft der entzückten Phan=
tasie? Cranach war der Maler des Lutherthums, des=

---

*) Den jetzigen Malern ist die Erhaltung der Oelfarben wie=
der ein Geheimniß geworden. In Cöln sah ich Bendemann's
„weinende Juden vor Babylon" wieder. Die Farben der Ge=
wänder sind in einem Zeitraume von zwei bis drei Jahren be=
reits gebleicht.

halb iſt er poeſielos, ohne dunkle Gluth der Seele, ohne myſtiſche Weihe religiöſer Empfängniß. Alles freilich iſt ſehr gut gemeint bei ihm, aber hartköpfig erfunden, ehrlich, aber ohne Begeiſterung ansgeführt. Was kann der Nüchternheit ſeiner Intention auf dem Altarblatte in Weimar gleichkommen! Ein Strom von Blut ergießt ſich in rothen, dicken Streifen aus dem Herzen des Heilandes auf die Stirn des Malers, der im Vordergrunde ſteht. Noah ſah einen Regenbogen und der Regenbogen galt ihm für ein Symbol, daß Himmel und Erde ſich küſſen, wo ein frommes Auge ſeinen Schöpfer grüßt. Das iſt ein poetiſcher Gedanke aus der Religion des alten Teſtamentes. Aber der blutige Regenbogen auf Cranach's Bilde ſieht aus wie die zerſchnittene Aderlaßbinde eines miſerablen Feldſcheers, der dem Herrn die Wunde nicht heilen kann. Daß doch die proſaiſche Nüchternheit läſtern muß, ſie weiß nicht wie! Der Maler des Lutherthums konnte von der Myſtik nicht laſſen, aber ſie ward ihm unter den Händen zur Trivialität. Und Luther ſelbſt, dieſer Mann, der den Aberglauben ſeines Jahrhunderts zer=

störte, dieser Mann mit dem klugen Blicke, mit der welterobernden Kraft seines Wortes, — sah den Teufel an der Wand spioniren und warf ihm das Tintenfaß an den Kopf. Gehet nur hin und sehet den schwarzen Guß an der Wand; man muß das sehen, um es zu glauben, und wenn man es sieht, glaubt man es doch noch nicht. Dies aber mag feststehen, daß das Lutherthum die Mystik aus der menschlichen Seele nicht ausgerottet, sondern ihre Poesie nur prosaificirt hat. Die Künste konnten den Tendenzen Luther's nicht nachkommen, obschon die lutherischen Fürsten damaliger Zeit sich etwas zu Gute darauf thaten, an ihren Höfen an Cranach auch einen großen Maler zu haben. Die Bedeutsamkeit des Lutherthums lag nur in der Gewalt des klugen Gedankens, der sich hinter der frischen Freudigkeit eines starkmüthigen Gottvertrauens verschanzt hielt. In der Polemik wurde Luther genial, in der Opposition gegen eine Welt voll List, Trug, Aberwitz und Finsterniß schärfte sich die Waffe seiner Rede, die wie Simsons Kinnbacken niederschmetterte. Ein Mönch gegen eine Welt! Bedenkt man dies, so fühlt man

dies, so fühlt man die welthistorische Größe des Man=
nes. Betreten wir die dürftige Klause auf der Wart=
burg: — in diesem Aufenthalte möglichster Armselig=
keit, auf kaltem Estrich, zwischen eklen Mauern, be=
schränkt und niedergedrückt, — hier übersetzte er die
Bibel, oder schuf sie neu und gab sie der staunenden
Menschheit: dann überwältigt uns eine tiefe Rührung,
eine innige Ehrfurcht. Aber wenn wir erwägen, daß
die Künste, die Musen und Grazien, ihm auf die Dach=
stube folgen wollten, um sich zu seinen Füßen auf den
elenden Mammuthsknochen, der in dem Winkel liegt,
niederzulassen, so müssen wir die Thörinnen belächeln,
die vor lauter Gutmüthigkeit so abmagerten und so
hölzern wurden, wie die Beingerippe des guten Lucas
Cranach. — Als Mensch gereichte es diesem Maler des
Lutherthums zur Ehre, daß er blieb, was er seiner Ge=
sinnung nach war. Karl der Fünfte lud ihn mehrmals
zu sich an seinen Hof, allein er blieb Bürgermeister
von Wittenberg und ging später nach Weimar, wo er
auch starb.

Adieu, Dina! ich kann wohl sagen gute Nacht,

denn nicht anders, weiß ich, als kurz vor Schlafengehn
lesen Sie meine Zeilen. Ich bin mit dem Protestan=
tismus und dem Katholicismus fertig, ich sehe die
Endfäden beider Confessionen völlig abgewickelt vor mir
liegen; man knüpfe sie zusammen, so hat die Religion
der Liebe ein neues Band.

Mein Brief ist ellenlang geworden. Er hat mir
nichts genutzt und Ihnen nichts. Man sagt, die Re=
ligion sei Liebe, und doch hat sich die Religiosität der
Menschen nur immer im Haß und Gegensatz zu einan=
der entwickelt. Und von der Liebe sagt man, sie ver=
einige die Menschen. Warum sind Sie mir, Dina,
denn so weltweit entrückt, seitdem ich Sie liebe? Kann
mein protestantischer Kopf sich Ihr katholisches Herz
nie ganz zu eigen machen? O, so komm denn nur,
wenn ich lebenssatt und ermüdet mein Haupt zurück=
lehnen möchte in ewigen Todesschatten, komm, wie
Du mir verheißen hast, und neige wie ein Hollunder=
baum mit Deinen blonden Locken Dich über meine
Schläfe. Ich bin sehr einsam am Tage mitten unter
den zerrissenen Lebensfäden, einsam, weil meine Mor=

gensterne mich belogen. Ach, lüg' Du mir nicht, sanf=
ter Stern meiner Abendgedanken! Ich möchte nicht
gern allein sein, wenn es Abend wird.

4.

Caffel, den 16. Mai.

— — Die Hessen sind ein wackeres, tüchtiges
Volk. Ihr Land ist arm, meistens ein rauhes Plateau;
der Sinn der Bewohner etwas zäh, aber biderb und
rüstig. Was jetzige Händel daran verderben, ist nicht
abzusehen, aber den Kern des Volkes darf man nicht
verkennen. Die Hessen waren mit ihren frühern Land=
grafen eine der ersten und kräftigsten Stützen des Pro=
testantismus; die Lust zum Protestiren hat nicht aufge=
hört, selbst wenn Ziel, Richtung und Augenmerk sich
geändert haben. Sie gingen für ihre Fürsten blind
ins Feuer; deshalb nannte man sie „die blinden Hessen“,
es war ein Ehrenname, kein Spott. Seitdem sie aber
in America fechten mußten, hat diese Blindheit aufge=

11 *

hört, sie können sehen, und daß sie trotz ihrer Rauheit auch gefühlvoll sind, beweist unter andern die an Liebe grenzende Hochachtung, die man allgemein der Kur= fürstin, einer Schwester des Königs von Preußen, schenkt. Der Kurfürst königl. Hoheit lebt abwechselnd in Hanau, Wiesbaden und Frankfurt am Main. Der Kurprinz=Regent hat in diesen Tagen nebst seiner Ge= mahlin die Wilhelmshöhe bezogen. Als Thronerben bezeichnet man bekanntlich einen der beiden Söhne des Landgrafen Friedrich, welche in österreichischen und dä= nischen Diensten stehen.

Cassel hat das Eigenthümliche, die glänzende Haupt= stadt eines armen Landes zu sein. Man findet hier in fast allen Verhältnissen ein kleines Abbild von der mi= litairischen Eleganz der preußischen Residenz, ohne daß man sagen kann, der Reichthum der Einwohner oder das Bedürfniß des Staates erheische eine Nacheiferung dieser Art. Die Königsstraße, die obere Neustadt, erin= nern in gleichem Grade an Berlin, wie die Uniformen der kurfürstlichen Garde. Die hiesigen Officiere lassen sogar bei berliner Schneidern arbeiten. Ich würde von

dieser Coquetterie nicht reden, wenn sie nicht die Be=
schäftigung und den Unterhaltungsstoff der Gesellschaft
ausmachte. Als Kind interressirten mich hier die Zöpfe
und Bärmützen der frühern kurfürstlichen Grenadiere;
jetzt sehe ich die silbernen Litzen und die knappen Schöße
der nach dem Muster des potsdamer Garderegiments
zugeschnittenen Uniformen. Im Augarten, auf den
Straßen, in den Gasthäusern, in den geselligen Cirkeln
— überall militairische Etiquette, glänzender Firniß,
stumme, kalte Pracht, vor der sich das Bürgerthum,
der Kern des Nationallebens, verkriecht. Man spricht
so viel von den Gefahren eines demoralisirenden Lebens=
genusses, in dessen potenzirten Raffinerien große Fabrik=
oder Handelsstädte ihre Erholung suchen. Allein über
das Unglück solcher Städte, die an und für sich nur
den Fond einer mäßigen Mittelstadt haben und gleich=
wohl den Anstrich einer glänzenden Residenz erhielten,
ließe sich auch ein Capitel machen. Hier ist Ver=
flachung aller Gemüthsrichtung, der Anblick eines ver=
brämten Elends, Verflüchtigung aller Interessen in
blendenden Schein. Wenn in großen Handelsstädten

der Uebermuth sich von den drückenden Lasten des Ta=
ges stürmisch und keck in schwelgerische Freuden stürzt,
wenn die vom Dienst der Arbeit erlahmten Glieder sich
plötzlich fessellos zeigen, um die Lust zu erhaschen, wenn
das schnell erworbene Lebensglück am grünen Tische
eben so schnell in Verzweiflung endet: so erweckt das
alles noch kein beklemmendes Gefühl, ich sehe die tau=
send Strömungen eines immer bewegten, nie versiegen=
den Lebens, mein Blick stößt bei so viel Quellendrang
von allen Seiten auf keine leere, öde Stelle. Was
dann an solchen Orten großartiger Handelsthätigkeit,
bei der furchtbaren Schnelle im Wandel der Dinge,
die Miene physischer und moralischer Verzweiflung und
Verzerrung annimmt, wird rasch verschlungen von der
Woge eines unaufhörlich bewegten Lebens, dem neue
Wege zu eröffnen der Witz der Erfindung und der Ver=
stand der Speculation nicht müde wird. Der Blick
reicht weit hinaus in die Welt, die Kleinigkeiten des
nächsten Verkehrs werden nicht wichtig, Millionen strö=
men aus und ein, und wenn auch hier und dort ein
Arm zerbricht, hundert neue greifen ein, hundert neue

Lebensschiffe segeln aus mit frischen Hoffnungswimpeln, wenn auch hier und dort ein einzelnes scheitert oder entmastet und halb zertrümmert in den Hafen zurück= läuft. Nicht das Unglück des Lebens ist widerwärtig, sondern das gemachte Glück, und eine Stadt, die nur zur Function einer soliden Mittelstadt voll bloßer Hand= werksthätigkeit berufen, den Glanz eines großen Resi= denzlebens um sich breitet, verfällt in hohle Nüchtern= heit und gibt das Bild eines erheuchelten Scheinglücks.

Mehrere jener Bauwerke, welche die romantische Neigung früherer Landgrafen und Kurfürsten unter= nahm, und deren Ausführung zwischen Land und Stadt einen fast schneidenden Gegensatz an den Tag stellte, sieht man jetzt verödet und bei Seite geschoben. Das große Octogon mit dem Herkules und einer der Wasser= fälle auf Wilhelmshöhe sind verfallen; die eines Be= herrschers aller Reußen nicht unwerthe, in den pracht= vollsten und kolossalsten Verhältnissen entworfene Kat= tenburg, deren Grundbau eine Million kostete, steht mit ihren Untermauern verödet da, zum Zeichen dessen, daß der Sinn der Fürsten nicht über die Nation hin=

aus kann. Unter der jetzigen Regierung sind die Augen auf wesentlichére Dinge gerichtet, die mehr Noth thun und Ausgleichung der innern Verhältnisse des Landes erzielen. Im September wird die Kammer eröffnet. Es wird sich um die rothenburgische Erbschaft handeln, und in Frage gestellt werden, ob dieselbe dem Fürsten oder dem Lande zukommt. In Preußen würde dergleichen gar nicht zur Frage kommen. Man würde sagen: es gehört dem Fürsten; aber der Fürst würde sagen: ich schlage es zu der Staatskasse, aus der wir unsere Schulen und Institute versorgen. In England gäbe diese Frage über Mein und Dein ein imposantes Schauspiel. Sie würde vor dem Parlamente vom Anwalte der Krone und den Rednern des Volkes verhandelt und nach Statuten entschieden werden, auf denen die Zuversicht der Nation beruht. In Preußen würde die Majestät des Fürsten die Sache lichten, in England bliebe die Person des Königs ganz außer dem Spiele: in einem kleinen constitionellen Staate wird es leicht zum Gegenstande kleinlicher Hitze zwischen Mi-

niftern und Repräsentanten. So was man „abäschern"
nennt, kommt hier leicht vor.

Man spricht hier seit enigen Tagen viel von Herrn
v. Lepel, der jetzt wieder ins Ministerium tritt, nach=
dem er mehrere Jahre in Frankfurt a. M. privatisirte.
Man wollte wissen, er sei der Mann dazu, das Di=
lemma zwischen Regierung und Land in Betreff der ro=
thenburgischen Sache mit Geschick zu lösen. Ein zwei=
ter Gegenstand hiesiger Conversation ist die Frage, ob
Professor Jordan in Marburg wieder zum Volksver=
treter gewählt und, wenn gewählt, von der Regierung
bestätigt wird. Die Hessen sind nicht mehr blind.
Herr Jordan ist eines ihrer Augen. Ob es aber wohl=
gethan und zum Heil der Lebensinteressen zweckdienlich
sei, wenn der Mund so viel spricht, als das Auge sieht,
ist eine Frage aller Zeiten, aller Jahrhunderte, eine
Frage der Menschheit, die mit dem bestimmtesten Nein
zu beantworten ist. Man soll das Werden der Dinge
nicht durch das vorschnelle Wort stören. Der Blick
des Auges ist fein, geschmeidig, selbst wenn er den
Grund ermißt und ins Innere bringt, aber das Wort,

das ihm nachkommen will, wird eckig, scharfkantig, verletzend. — Wenn ich Ihnen ins Herz sehe, Dina, werd' ich mich wohl hüten, Alles zu sagen, was drinnen zu lesen steht. Ich erblicke weit mehr, als das befangene Leben als fertigen Ausspruch duldet. Wann der Pfinsttag kommen wird, der die Zungen löst, — weiß ich nicht; aber ob er kommen wird — Dina?

5.

Arnsberg, den 19. Mai.

Es will hier in Westphalen noch gar nicht Frühling werden, meine Freundin. Rauhe Bergluft, sparsame Blüthen und Wälder, die nur erst anfangen, ihr braunes Winterkleid mit jungem Grün zu vertauschen. Besonders nach der Nordseite der Bergabhänge hin steht alles mehr herbstlich als frühlingsfrisch, und die Landschaft macht ein grämliches Gesicht. Das kommt von der Höhe des Terrains. Die höhern Regionen, Dina, leiden an Kälte, das arme Herz kann nicht heraus-

schlagen, einer lachenden Welt entgegen; auf den höch=
sten Punkten im Leben ist sogar Zugwind unvermeid=
lich. — Um aber von Westphalen zu reden, so muß
ich bemerken, daß die Wasserfläche der Ruhr bei Arns=
berg 2000 Fuß über der Meeresfläche liegt; von den
Bergen will ich gar nicht reden.

Westphalen macht keinen vortheilhaften Eindruck.
Das Sintfeld, die marburger und soester Börde sind
fruchtbare Ebenen, allein der Spätfrost hält auch hier
Alles zurück. Im Norden und Nordwesten sind lange
Heidestrecken, und in den bessern Theilen gibt es oft
nur 40 pCt. Ackerland. Die Waldungen bieten auch
nicht viel Ertrag, man läßt das Wild nicht allzusehr
gedeihen, um die Jagd=Entschädigungsgelder zu sparen.
Der Fleiß der Bewohner ist beispiellos, allein Bauern
und Edelleute mühen sich vergeblich ab, um sich die er=
sten Bedingungen eines Wohlstandes zu sichern. Ein
westphälischer Graf, der neben mir im Wagen saß, gab
mir die Belege für dies Resumé; er hatte Geist genug,
um in seinen Ansichten über allen Localpatriotismus
hinweg zu sein. Er war noch in den Dreißigen, un=

verheirathet, aber solid und von geregelter Gesinnung.
Er hatte in Göttingen studirt und verwaltete nun seine
etwas kärglichen Güter.   Das Leben in größern Städ=
ten kannte er wenig, um so ungeschminkter war die
Würde und Ruhe, mit der er das Mißgeschick, ein
Graf zu sein, ohne gräflich zu leben, zu tragen wußte.
Schon der Umstand, daß er mit der Post fuhr und
neben mir saß, ließ auf keineswegs glänzende Verhält=
nisse schließen.   Er hatte in Arnsberg und Elberfeld
Geschäfte, in Düsseldorf wollte er das musikalische
Pfingstfest erleben; also war unser Weg derselbe.   Es
war etwas bürgerlich Edles, Reinmenschliches in seinem
Wesen, von blasirter Vornehmheit keine Spur.   Bei
aller Klugheit und Geistesbildung war doch die west=
phälische Naivetät das vorherrschende Element seines
Naturells.   Mir war diese Erscheinung um so auffal=
lender, weil sie durchaus nichts Auffallendes bot.   Auf
arme Edelleute stößt man in den Provinzen des preu=
ßischen Staates überall, allein selten auf solche, welche
die gespreizte Anmaßung einer Scheinhöhe verschmähen.
Nichts ist verdrießlicher, als ein pauvrer Aristokrat, der

den Leuten die Illusion erwecken möchte, er gelte mehr als sein Beutel besagt, und dem die Bildung abgeht, um als Mensch Gültigkeit zu finden.

Einem heruntergekommenen Edelmann bleibt nichts anders übrig, als ein verständiger Mensch zu sein, und das ist mehr, als ein heruntergekommener Edelmann in der Regel erschwingen kann. Ist er jung, so kann er freilich, um sich den Nimbus einer bevorzugten Menschenclasse und den Schimmer eines glänzenden Scheinlebens zu erhalten, Militair werden, allein ein verständiger Mensch wird er dadurch noch nicht. Ein Handwerk zu treiben, ist er zu abergläubisch; er fürchtet, die Ahnen erscheinen ihm des Nachts und machen ihm lange Gesichter; es kann auch nichts tragischer sein, als ein adeliger Schneider, nichts melancholischer als ein Baron, der einen Barbier abgibt. Und ist der Edelmann zum Handwerk zu abergläubisch, so ist er zum Kaufmann zu aufgeklärt, denn viel Aufklärung gehört nicht dazu, um einzusehen, daß er mit seinen Ahnen keinen erklecklichen Handel treiben könnte, und reichten

sie bis auf Noah hinauf, den erſten Sterblichen, der
ſich im Weinrausche seine Gesinnung parfümirte. —
Wirft ſich ein armer Edelmann auf Landökonomie, ſo
muß er seinen Acker selbst bestellen und hat nicht Bil=
dung genug, um mehr als Bauer zu sein. Es hält,
bei Gott! schwer, daß ein armer Edelmann ein Mensch
wird. Einem reichen steht mehr als Fürsten und Prin=
zen die Welt zum bedeutsamsten Lebensgenuß offen; er
iſt der anerkannte Bürger zweier Welten, er genießt
die Vorrechte einer alten und einer neuen Zeit, er iſt
ein Janus mit zwei Köpfen, rückwärts das Diplom
auf der Stirn, vorwärts eine Million auf der Lippe,
rückwärts romantisch, vorwärts classisch, und der claſ=
sische Vorderkopf kann den romantischen Hinterkopf
tüchtig anlachen, ohne daß er's ſieht. Unsere Zeit
hängt in der Schwebe zwischen alten Grillen und neuen
Gedanken. Ein Edelmann, der Geld hat, iſt in bei=
den Fällen ein kleiner Erdengott. Aber an ſich iſt der
Adel der Geburt eher ein Fluch, mindestens eine Laſt.
Seien Sie froh, Leopoldine, daß Sie einen Adel der
Seele besitzen, der auch für zwei Welten, ohne alle

Zuthat, für diesseits und jenseits, vor Gott und Menschen, gültig ist.

Arnsberg hat als Sitz einer Regierung viel abstractes Preußenthum. Militair ist nicht viel sichtbar, aber desto mehr Beamtenstand, nicht glänzende Coquetterie, aber ängstliche Pünctlichkeit erscheint als vorherrschend. Man sieht nur Leute mit Acten unterm Arm über die Straßen eilen. Es fehlt an Besitzstand, selbst im Winter kommt der Landadel nicht in die Stadt, um einigermaßen Saison zu machen. Der Beamtengeist läßt den Ton des Umganges nie gesellig werden. Der Katholicismus prädominirt nicht wie in Münster und andern Städten des Landes; die hiesige evangelische Gemeinde hat unter den Höhergestellten ihre Mitglieder. Das Kloster ist ein Gymnasium geworden, die Ruinen des alten Schlosses, das im siebenjährigen Kriege niedergebrannt wurde, sind von schlechtem Gestrüpp überwuchert. Preußen macht aller baufälligen Romantik ein Ende. Kloster Bredla ist eine Eisenfabrik, Kloster Rumbeck ein weltliches Gut geworden. (In Bonn hat man ein Franciskanerkloster sogar in eine Brannt-

weinbrennerei verwandelt.) Als wir durch Rumbeck
fuhren, guckte ein altes bleiches Nonnengesicht mit den
erloschenen Augen, das Haupt aschgrau verhangen,
durch eine Klosterluke. Es war die letzte der Schwe=
stern von Rumbeck, die ihre Zeit überlebte. Ich weiß
nicht, ob der Ton des Posthorns sie herbeigelockt, aber
sie stand und lugte hinaus in die Welt. „Guten
Morgen, heilige Schwester!" rief ich ihr freundlich zu,
aber die alte Ruine fuhr erschrocken zurück, der Gruß
war wohlgemeint, aber zu weltlich. Die Westphalen
capiren schwer, sie wissen die preußische Weltlichkeit noch
gar nicht recht zu nehmen. Auch mag es nicht leicht
sein, dem Lande eine moderne Physiognomie zu geben.
Am Katholicismus hatten die Westphalen einen Trost
für ihre weltliche Armuth. Nun verwandelte der Staat
die Klöster in Schulen und Fabriken. Um jedoch In=
telligenz und Werkelthätigkeit in Flor zu bringen, rei=
chen die eigenen Quellen Westphalens nicht aus; so
geht die Erziehung des Volkes für neue Lebensinteressen
nur langsam, wenngleich sicher. Ein Glück ist es im=
mer, daß Westphalen in den Händen eines modernen

Staates iſt; ſich ſelbſt überlaſſen, wäre es noch ein altes Neſt voll ſalopper und armſeliger Romantik. Wenn ein König romantiſch ſein will, ſo kann er ſeine Grillen glänzend ausführen, aber wenn die Pfaffen für die Romantik der Bauern ſorgen, ſo wird nichts auß dem Schmuz herausgearbeitet. Der Katholicismus, der ſich nicht mit allem ſchmücken kann, was die Welt der Kunſt erfüllt, hat eine verkümmerte Miene. Die Religion des Katholicismus will eben ſich alles Reich= thums im weltlichen und geiſtigen Leben bemächtigen, um die geſammten Schätze der Erde vor dem Unſterb= lichen hinzubreiten, ſo daß Alles als eingeweiht erſcheint in den Nimbus eines einzigen großen heiligen Zuſam= menhanges. Durch Marmor und im Glanze der Far= ben müſſen die gotttrunkenen Künſtler reden, Poſaunen und Flöten den trägen Menſchen erſchüttern und erwei= chen, damit er inmitten ſeiner ſinnlichen Hülle ſich vom Athem des Allmächtigen getragen fühle, der nicht die Erdenwelt ſchuf, um Leib und Seele zu trennen, heute zu werkeln, morgen zu beten, ſondern der den Reich= thum des Menſchenlebens hervorrief, um Alles als Einen

Ausfluß seines tiefsten Wesens mit geweihter Seele hin=
zunehmen. So ist der Sinn des Katholicismus; er
soll zeigen, wie der Geist die Welt bezwingt, nicht sie
vernichtet, sondern verklärt. Nehmt ihm seine glän=
zenden Formen, so nehmt ihr ihm auch sein Wesen,
denn er will sich aller Fülle der Sinnenwelt bemächti=
gen, um von außenher die Seele zu erfassen. Einen
Bauer könnt ihr nun leicht eblouiren, allein ein leidlich
aufgeklärtes Bürgerkind läßt sich nicht schnell fangen;
da müßt ihr schon mehr Mächte heraufbeschwören. —
Ich habe in dem armseligen Westphalen keine Kirche
besuchen können.

Um die Armseligkeit des guten Westphalens recht
klar mit allen fünf Sinnen aufzufangen, muß man
eine Bauernhütte besuchen. Es war ein Rauchnest der
nobelsten Art, in das ich trat. Hof, Flur, Stube,
Küche, Kammer — alles Ein Raum. Hinten lag
eine Wöchnerin im Qualm der Finsterniß; das war
nur zufällig. Aber ein Gewürm von Kindern kroch
am Boden, der wie die Wände mit schwarzem Staube
überzogen war. Hinter einer Planke gähnte Ochs und

Schaf herüber in dies Menschenleben, das nur durch zwei lockere Breter vom Thierreiche geschieden war. Geräthschaften für Haus und Feld, die am Boden zerstreut lagen, machten den Wandel in der dunklen Höhle lebensgefährlich. Ich stand und horchte, sehen ließ sich wenig, Eine Gräue begrub Alles, Vieh und Menschen. Die Kinder würgten steifen Brei, die Vierfüßer röchelten, der Wöchnerin war schlecht zu Muthe, mir noch mehr. Eine Zugluft hielt die Atmosphäre der Dampfhütte in Bewegung, sonst wäre Erstickung eine Kleinigkeit gewesen. Nicht vom Schornsteine kam der Luftstoß, denn Feueressen hat man hier nicht, aus Industrie, man geht mit dem Rauche sehr speculativ um. Der obere Flügel der großen Thür stand auf, dort drängte sich der Strom des Rauches hinaus und war froh über seine Befreiung. Ueber der Thür oben, wo sich der Qualm am meisten sammelt, hing es wie Kopf an Kopf gespenstisch, düster, grauenhaft, aber dickschwartig und inhaltsschwer. Es waren die Schinken, die berühmten westphälischen Schinken, die einzigen Wesen, die sich hier wohl befanden. So viel mußte zuvor geschehen, ehe es erfüllt wird, was gesagt wird von den Schinken: sie haben ihres Gleichen nicht! So viel Schranken zwischen Mensch und Thier müssen erst beseitigt werden, um die Schinken gedeihen zu lassen. So viel Thränen mußten erst fließen, denn der Rauch hatte meine Augen schier zerfressen. Ach ja, der Mensch verliert was hier der Schinken gewinnt! — sagt ähnlich ein Dichter. Ich verstand ihn jetzt und ging. Mein letzter nasser Blick war auf die Schinken gerichtet. Ich habe allen Respect vor der westphälischen Romantik.

Es sieht nicht überall so kümmerlich aus in der westphälischen Bauernwelt. Es gibt Landleute, die bis in ihr sechzigstes Jahr mit den Schinken sich eingeräuchert und ein hübsches Geld verdient haben. Sie sind dauerhaft geworden vom Rauch und setzen sich in ein bequemes Gebäude, wo sie noch ein zehn Jahre lang Lebensluft schöpfen. Die Westphalen sind ein derbes Fleisch, das auch ungeräuchert lange aushält. Ich bin begierig, wie Grabbe in seiner Herrmanns-schlacht die Thusnelda geschildert hat, gewiß als ein handderbes weſtphäliſches Bauernweib. Armer Grabbe! ich wollte, Du hätteſt Deinen Körper eingeräuchert, ſtatt daß Du ihn mit Weineſſenzen zu Tode balſamirteſt.

Noch einen Zug weſtphäliſcher Romantik geben die Bettler in manchen Gegenden des Landes ab. Man glaubt, es ſei ein mit Sepia gemaltes Bild, wenn ſo eine Gruppe um einen Heiligenſtein gekauert liegt; ſo ein Braun von Schmuz iſt über die Geſtalten gegoſſen. Dabei ſind ſie ehrwürdig, ergraute Einſiedlergeſtalten, wie Johannes der Täufer gekleidet, man wagt es nicht, ſie zu berühren. Ich wünſche mir ihre entferntere Bekanntſchaft, wie Falſtaff ſagt. — Auffallend iſt der Unterſchied zwiſchen den Bettlern eines katholiſchen und eines proteſtantiſchen Landes. Der katholiſche Bettler trotzt auf die Romantik ſeiner Erſcheinung, er nimmt die Miene des Elends nur an, weil er ſie von Heiligenbildern gelernt hat. Sein Anblick iſt unwiderſtehlich; man gibt, um ihn ſchnell los zu werden. In proteſtantiſchen Ländern ſind die Bettler mehr ſpeculativ witzig, ſchon weil die Polizei ihnen mehr auflauert: Der katholiſche Bettler fordert um eines Heiligen, um der Mutter Maria willen; man fühlt sich selbst verletzt, wenn man ihn abweist. In protestantischen Ländern sind es meist Jungen, die den Reisewagen attaquiren. „Ach, meine Mutter ist so krank!" schreien sie; eine Lüge ist der andern werth, man sagt, man habe kein kleines Geld. Nun aber etablirt der Bursch seine Talente. Er schlägt ein Rad, überwirft sich, macht Männchen, alles im Gleichtritt mit dem rollenden Wagen. Du lachst und gibst dem Hallunken nach Verhältniß.

6.

Elberfeld, den 21. Mai.

— Schon eine Strecke vor dem hübschen Iserlohn hört Westphalens Katholicismus und Armuth auf; es beginnt eine weniger kräftigrauhe, eine weichere, gefälligere Landschaft, und das bürgerliche Comfort einer fabrikthätigen, in die Werkelust der Gegenwart ganz aufgegangenen Menschenmenge erstreckt sich durch das

ganze Wupperthal. Die Schinken mit den Rauch=
hütten, der Pumpernickel und die ganze malpropre Ro=
mantik Westphalens machen einem modernen Protestan=
tismus Platz, der auch seine Fäuste hat, aber sie specu=
lativ zu gebrauchen weiß. Der Adel und der Bauern=
stand hören auf und ein rühriges Bürgerthum macht
sich meilenweit Raum. Saubere Wohnungen, glatte
Fenster mit vorsorglichen Jalousieen, emsig gepflegte
Gärten, geleckte Landhäuser, wohlgenährte Backen,
lackirte Gesichter, überall Fleiß und Wohlstand, aber
eine gewisse, nur halbaufathmende Heiterkeit, bei der
man — wie beim Hunde den Knüppel — die Grob=
schmiedsfaust, die sie bändigt, nie vergißt.

Ganz Iserlohn riecht nach Eisen, alles sieht eisen=
haltig aus, selbst die iserlohner Schönen, die beim
Schmettern des Posthorns an Thür und Fenster eilten,
zeigten uns Gesichter voller Eisenflecke. Flinke Mädel,
t Augen, weiße Haut, fast so weiß wie meiner
Großmutter ihre bielefelder Leinwand, aber auch wie
diese, voller Eisenflecke. Diese Eisenflecke im Ange=
sicht nennt man anderwärts Sommersprossen, allein ich

glaube, diese kleinen fuchsgelben und hellbraunen Tüpf=
chen auf zartem Teint sind eine Erfindung der Jung=
frauen von Iserlohn, ein kleines überflüssiges Neben=
resultat der iserlohner Eisendrahtstrickereien. Sommer=
sprossen sind sehr häufig eine überflüssige Zugabe zu
weißer Haut, die man mit in den Kauf nimmt; es
läßt sich nicht ändern. Als Junge liebte ich einmal
ein hübsches blondes Mädchen, das meine Großmutter
nicht ausstehen mochte. Sie hielt das gute Kind für
dumm, aber das liebe Kind war sehr klug, obschon
wortkarg, befangen, — „ruhig engelmild." — „Sieh
doch nur hin," sagte die Großmutter, „was hat die
Lina für Eisenflecke im Gesicht!" — „Ach, liebe Groß=
mutter," sagte ich, „sieh doch nur Dein bielefelder
Tischzeug an! Das Ungeschick der Mägde hat Dir ei=
nige Eisenflecke hineingebracht, die gar nicht wieder her=
ausgehen. Aber schneeweißer Damast, Großmutter,
bleibt doch schneeweißer Damast, und die Muster darin!
die Blumen und Vögel, Großmutter!" — Die blonde
Lina war doch das hübscheste Muster von der Welt,
ein Amalgama von Blume und Vogel.

Man glaubt sich hier in einer merkantilen Republik, nirgends Beamte, kein Militair. Welche Wohlthat! Preußens königlicher Aar schwebt schirmend über dem Wupperthale, aber man sieht ihn nicht, man hört ihn nicht, man fühlt nur leise seine weiten Schwingen, die bis nach Frankreich, bis nach Rußland reichen, und für das kleine Fabrikvölkchen den Westen und Osten festhalten. Das ganze Wupperthal ist ein Ameisenhaufen voll Betriebsamkeit. Mehrere Meilen weit eine lange Kette von Fabrikgehöften, Dörfern und Städten, Barmen, Wupperfeld, Gemark, Wichlinghausen, Rittershausen, Elberfeld — alles ein still thätiges Gewühl, eine tausendfach gegliederte Maschine. In diesem Thalgrunde lebten vor hundert Jahren vielleicht ein paar Tausend Menschen, auf Ackerbau und Feldarbeit gewiesen; jetzt zählt man 60,000, von denen die eine Hälfte auf Elberfeld, die andere auf das Thal Barmen kommt. Elberfeld ist der Hauptsitz der bergischen Fabriken und führt in seinen 200 Comptoiren, wie eine vorsorgliche Haushälterin, das Buch für die Grafschaft Mark und das bergische Land. Ich kann nicht läugnen, daß der

Habitus dieſer Stadt mir etwas düſter vorkommen will. Troz ihrer emſig gepflegten Reinlichkeit und allen hundertfachen Zeichen kaufmänniſcher Opulenz haben die Gebäude mit den ſchwarzgebrannten Ziegeln und den zum Theil mit Schiefer bekleideten Wänden etwas Beengendes, Gedrücktes. Dazu kommen die ſchmalen, vielverſchlungenen Gaſſen und das Gewürm blaſſer, hagerer Fabrikmenſchen, die ſich der Stickluft der Maſchinenſäle nur zu gewiſſen Stunden entwinden, und die grünen Jalouſien auf den ſchwarzen Seitenwänden der Häuſer ſehen auch nur aus wie eine Sperre für Kopf und Herz. Ich zweifle nicht an der Intelligenz der reichen Kaufmannsfamilien, aber ich fürchte, ich fürchte für die untern Claſſen und deren Zeitvertreib.

*   *   *

Den 22. Mai.

— Fabriken, Maſchinenſtuben, Plätze, Wirthshäuſer habe ich beſucht; überall hört man von den pietiſtiſchen Flugſchriften, die ſich um eine Predigerwahl drehen, und ich kenne jetzt den Zeitvertreib der hieſigen

Volksklassen. Es ist sehr wichtig, die Art und Weise der Erlustigungen unter den niedern Ständen zu kennen. In Wien vergißt der Pöbel über seinem Zeitvertreib sehr viel. Brot und circensische Spiele! schrieen die Römer und vergaßen noch mehr. Hier zu Lande sucht man in Beten und Conventikel=Frömmigkeit Erholung für die Last des Werkeltages. Das Beten mag in der Abenddämmerungsstunde unter guten Brüdern und Schwestern ein ganz angenehmes Plaisir sein, allein da stehen die Tempel des Herrn! Die offene Stirn dem hellen Tage geboten, du frommes lichtscheues Ge= würm! In ***, einer sehr verständig aufgeklärten Stadt, wo aber auch die frommen Mucken wuchern, gab es vor kurzem noch ein von der Regierung verpön= tes Bethaus, wo sich die frommen Leute in Abend= dämmerungsschein versammelten, um in traulicher Ge= meinschaft allerlei Andachtsübungen obzuliegen. Eine von den Andachtsübungen nannten sie „Engelchengrei= fen". Sie saßen in bunter Reihe, immer ein Männ= lein und ein Weiblein, um einen runden Tisch und bliesen die Lichter aus. Nun ging's ans „Engelchen=

greifen," immer mit den Händen nach oben durch die
Luft, kreuz und quer, Manchem stand der Schweiß
auf der Stirn. Aber ich war nicht dabei, Leopoldine,
ich bin unschuldig.

Ich sitze hier im zweibrücker Hof, meine Freundin, ein Hansen religiöser Streitschriften, wohl zehn bis
zwölf an der Zahl, liegt vor mir auf dem Tische.
Man betreibt in Elberfeld alles fabrikmäßig, auch die
Frömmigkeit. Die Streitschriften sind ganz neu erschienen, ihre Reihe ist noch nicht geschlossen, es hängt
sich hier Gewicht noch an Gewicht, und will hinab mich
ziehen in die Tiefe, wie Max Piccolomini sagt, der
gute Mensch. Aber ich kenne nun diese Pappen-
heimer!

„Herr, ich glaube, hilf meinem Unglauben!" Das
sei mein Motto für diese Geschichte, das die Arbeiter
am elberfelder Weinberge Gottes, die Herren von Barmen, Unter-Barmen, Ober-Barmen und Gott-Er-
barmen ganz vergessen haben. Es ist der alte Streit
zwischen Rationalismus und Supernaturalismus, den
man hier verführt. Der nüchterne Verstand will sich

der Religion bemächtigen, schneidet bedenkliche Gesichter
und nennt dies Kopfschütteln und Gesichterschneiden die
einzig mögliche Miene der Aufklärung des Jahrhun=
derts. Ihm gegenüber waffnet sich das still seinem
Glauben hingegebene Gemüth, stachelt sich zum Kampfe
auf, und siehe! was Liebe schien, wird eine Furie des
Hasses und bringt alle Schrecknisse eines Fanatismus,
der freilich dem Pöbel leicht imponirt. Der Verstand
kann ebenso sündigen, wie das Gemüth, beiden kann
die Vernunft abgehen. In dem elberfelder Fabrikleben
haben Verstand und Gemüth sich die Stirn geboten,
wie wenn in einer Maschine das Triebrad mit dem
Hemmrade hadert; die Fabrik steht still. Was die
protestantische Theologie im Ganzen und Großen zeigt,
sehen wir hier zu Lande practisch en miniature. Die
Sache hängt örtlich sittlich zusammen.

Herr Eduard Hülsmann, Pastor in Dahl, ein
Mann von der lautersten Gesinnung und anerkannter
Rechtschaffenheit in seinem Wollen und Wirken, schrieb
eine Predigerbibel, ein Handbuch für angehende Lehrer
der Gemeinde. Es gibt einen Rationalismus, der sich

in allen menschlichen Verhältnissen des Lebens als eine durchaus tüchtige Kraft des Geistes bewährt, aber unfähig ist, die höchsten Probleme menschlicher Forschung bis zum Siege der Verklärung zu lösen. Dieser Rationalismus steckt in dem Buche des Herrn Hülsmann. Man ließ die Sache Anfangs gut sein; die große Menge der Frommgläubigen hatte in andern Vertretern des göttlichen Wortes ihre Redner. Herr Hülsmann wurde jedoch von der Gemeinde zu Schwelm zum Pfarrer ernannt, und nun trat Magister und Prediger Sander auf, der sich „Diener am göttlichen Worte in Wichlingshausen" nennt, und suchte die Ansichten, aber auch die Gesinnung des Herrn Hülsmann als ein Heidenthum der schnödesten Art allen Gläubigen darzustellen.

Der Pietismus ist ein sehr erklärliches Product des hiesigen Lebens. Der Handel mit seinen freien, kecken Blicken in die weite Welt macht den Sinn aufgelegt, die heitere Seite des Lebens aufzufassen und in bequemer Gefälligkeit für die aufgebürdete Last eintöniger Berechnung Ersatz zu suchen. Die Fabrikthätigkeit verdumpft den Sinn zu Melancholie, und eine Arbei-

terschaar, welche die ölige Schwüle der Maschinen-
ställe verläßt, sucht ihre Erholung in dem Kitzel frommer Wehmuth. Ich habe diese Haufen gesehen, mit
den fahlen Gesichtern, den erloschenen oder verkohlten
Augen. Diesen Menschen kann mit einer leichten Er-
götzlichkeit heiterer Genüsse nicht mehr gedient sein, sie
müssen sich berauschen, leiblich oder geistig, um die er-
schlafften Nerven zu beleben. Und ein Gemüth, das
sich in der Zerknirschung der verhüllten Seele bis zur
Lust wohlgefällt, sucht sich auf Augenblicke ebenso von
der lichten Gotteswelt abzukehren, als es der Verzweiflung durch sinnbetäubende Reizmittel möglich wird.
Einer solchen Stimmung in der Menge Nahrung zu
verschaffen, stärkende, aber nicht betäubende Nahrung,
das ist die Aufgabe der geistlichen Seelsorger. Die
Offenbarungen der Religion sind hier das einzige Lab-
sal für die bedrückte Angst des Lebens. Aber die Offenbarungen der Religion sind licht, nicht dumpf, sie zünden Leuchten an, welche hell machen und wärmen, sie
schüren nicht glühende Kohlenfeuer, die unter der Asche
des schwülen Wahnes fortzehren und mit eklem Dunst

das Gehirn völlig verdörren. Die Wunder des heili=
gen Lebens, von denen die Bibel erzählt, treten in die
gedrückten Gemüther mit ihrer tiefen Wirkung, und
ein Volk, das der Glaube beseligt und über die Trüb=
sal des Lebens forthebt, ist eine echt menschliche Erschei=
nung. Licht und klar macht das Wunder, denn es
setzt dich ungeahnet in den Zusammenhang mit Gott
und Welt. Könnt ihr die Wunder der Geburt, die
Wunder des tagtäglichen Daseins nicht forträumen,
wie wollt ihr sie aus der Entzückung der gotttrunkenen
Propheten und Apostel verbannen? Mit der Beseiti=
gung dieses und jenes Wunders im Leben Christi habt
ihr noch nicht die Nothwendigkeit des Wunderglaubens
beseitigt. Rühret dem Menschen nicht an seine heilige
Nacht, sonst wird sie Feuer speien und Dunst brüten,
statt daß sie die still verschwiegene Mutter des Lebens
ist. Dunst und Qualm aber hat sich der Gemüther
hier bemächtigt, durch falsche Leitung, emphatische Hitze
und den Widerspruch des nüchternen Verstandes, der
überall Tag machen möchte und die Nacht stört, weil

ihm die Weihe der Empfängniß fehlt für ihre keuschen, tiefen Schätze.

Hr. Eduard Hülsmann hat sich in seiner Prediger= Bibel zum Geschäft gemacht, angehende Kanzelredner über die Wunder in den heiligen Büchern aufzuklären. Es ist schon eine ganz falsche Voraussetzung, ein Buch für den Geistlichen sei heut zu Tage nicht auch ein Buch für die Menge. Wenn inmitten der wissen= schaftlichen Forschung, wie in der Schrift des tübinger Strauß, der speculative Verstand das Dilemma zwischen Wissen und Glauben abermals aufnimmt, so wird die speculative Vernunft die Einigung schon wieder zu fin= den wissen. Denn das Genie stürzt und zertrümmert gar viel, aber es gibt dem Geschlechte eine ganz neue, volle Weltanschauung, und es kommt dann nur darauf an, wie schwer oder wie leicht das Zeitalter auf sie ein= geht, um in ihr ein neues Dasein zu beginnen, das ganze System des Lebens auf neuen Fuß zu stellen. Ein solcher, nicht blos negirender, sondern schöpferischer Genius ist in Strauß lebendig geworden, und das Ge= nie ist immer das siegende Element. Wenn aber der

praktische Theolog angehenden Amtsbrüdern die Mög=
lichkeit verdächtigt, von einzelnen Wunderthaten, deren
Wahrheit in ihrer geistigen Bedeutsamkeit liegt, vor
der Gemeinde mit der Kraft poetischer Empfänglichkeit
zu reden, so heißt das nicht mehr der Forschung neue
Wege bahnen, sondern die Zustände im Kleinen turbi=
ren, da man sie im Ganzen und Großen weiterzuför=
dern nicht die Kraft hat. Was Hr. Hülsmann sagt,
ist schon längst gesagt. Seine hingeworfenen Vor=
schläge zur Auf= und Abklärung der Wunder, deren
poetischer Duft und Zauber schon Millionen Gemüther
fesselte, sind ein neuer Beweis, wie unfruchtbar der
Verstand ist, wenn er wähnt, Religion sei blos sein
Werk, nicht auch Sache der Phantasie, Sache des vol=
len ganzen Menschen. Die Mythe ist nicht Historie,
die Mythe ist weit mehr, gibt weit tiefer, weil eben
dunkler, den Zusammenhang von Gott und Welt, ihr
heiliger Sinn ist ihre Wahrheit. Tiefere Wahrheiten
gibt es nicht, als die Mythe sie birgt, denn die Mythe
steht als der Engel an der Wiege des Lebens, und
drückt den geheimnißvollen, deutungsreichen Weihekuß

auf die Stirn des Schläfers. Wenn er erwacht, ist
noch sein Auge trunken vom Morgenhauch der Liebe
Gottes, und was die Wirklichkeit dann bringt als Er=
füllung dessen, was die Mythe verhieß, erschöpft erst
am Ende der Tage den vollen Gehalt ihrer prophetisch
dunkeln Heiligkeit. Erst am Ende der Tage, wenn die
Historie fertig ist mit ihren factischen Geburten, kann
man sagen, die Wirklichkeit sei größer und höher als
die Mythe, denn was diese der ahnenden Seele nur
leise zugelispelt, hat jene dann völlig ausgesprochen mit
dem schallenden Worte, das alle Welt erfüllt.

So steht die Mythe vielverkündend in der Dämme=
rungsstunde an der Wiege jedes Lebens, jedes Volkes.
So sind die Mythen des Christenthums, weil die
Apostel sie in tiefster Entzückung verkündeten, reicher und
voller als alle Wirklichkeit, bis diese wird vollendet sein.
Wer das Lächeln des träumenden Kindes aus einer
Säure im Magen erklärt, ist eben so unfähig, dem Le=
ben die stillen Geheimnisse abzulauschen, als wer die
Erscheinung der Taube des heiligen Geistes bei Christi
Taufe sich achselzuckend mit der Aeußerung ernüchtert:

„Vielleicht flog gerade ein Taube zufällig vorüber, die man als Sinnbild der Unschuld deuten kann." Dies ist wörtlich Herrn Hülsmann's banquerotte Verstandes=aufklärung. So wird das Wunder des Pfingstfestes geläugnet, denn der kluge Mann sagt, der heilige Geist sei ja schon vorher in den Aposteln gewesen. Der kluge Verstand weiß nicht, daß eine Wahrheit des äußern leiblichen Momentes bedarf, damit eben der Geist zur Erscheinung komme. So war die Verwandtschaft der göttlichen und menschlichen Natur auch schon vom An= beginn der Welt eine sichere, wenngleich geheimnißvoll verschwiegene Wahrheit, die sich in der Sehnsucht pro= phetischer Gemüther verrieth; aber sie bedurfte der Er= scheinung in leiblicher Gestalt, damit, was Mythe war und Urgrund des dunkeln Verlangens, zur lichten Be= stimmtheit persönlicher Vollendung werde. Darum hat Christus als Gott, und alles, was die Erleuchtung der Apostel an ihm sah, tiefere Wahrheit und Wirklichkeit, als was ich hier mit der Hand fasse, mit dem Auge sehe, mit den Zähnen zerbeiße. Nehmet der Religion die Poesie, so streift ihr dem Schmetterlinge die Flügel

von den lichten Schwingen; und die Schwingen sind
Staub und der Schmetterling ist keine Psyche des un=
sterblichen Lebens mehr.

Hülsmann's Vorschläge zum Verständniß der Wun=
der sind ein gar zu schlimmer Alltagsklatsch. An der
Verklärung und der Himmelfahrt Christi zerarbeiteten
sich die Fäuste der rationalistischen Erklärer am meisten
matt und müde. Und doch liegt schon im Gedanken
der Verklärung und der Himmelfahrt die begreifliche
Nothwendigkeit beider Ereignisse. Wie kann der Gott,
der Mensch geworden, damit eben das bis zur Angst
gesteigerte, namenlos dunkle Gefühl von der Gottver=
wandtschaft der menschlichen Seele zur lichten Erschei=
nung wurde, — wie kann der Gott, der in die Aerm=
lichkeit des Lebens herunterstieg, ihr anders enthoben
werden, als durch Verklärung und Himmelfahrt? Hr.
Hülsmann aber proponirt zum Verständniß jener Fol=
gendes: „Denjenigen, die sich zum Glauben an eine
Verklärung im Sinne der Evangelisten nicht verstehen
können, lege ich folgenden Versuch vor, der sich, wie
mich dünkt, durch Einfachheit und Natürlichkeit zu em=

pfehlen scheint. Jesus begab sich einst auf einen hohen
Berg mit seinen drei vertrautesten Jüngern. (Dieser
Passus ist in einem Style wie: Es war einmal ein
Mann —). Angelangt auf demselben, entfernt er sich
eine Strecke weit von diesen, um allein zu beten, und
um mit unbekannten Männern, vielleicht Joseph, Ni=
kodemus, Gamaliel, welche noch unbekannt zu bleiben
wünschten, sich über den nun immer wahrscheinlicher
werdenden Ausgang seines Lebens zu berathen. Petrus,
Johannes und Jakobus wurden unterdessen vom Schlafe
überwältigt, und als sie — vielleicht durch ein Gewit=
ter (sehr pfiffig!) — aufgeweckt wurden, erblickten sie
den Herrn auf einem Gipfel des Berges mit zwei an=
dern unbekannten Männern, bestrahlt von der aufge=
henden Sonne in einem magischen Lichte. Petrus, der
rasche, von augenblicklichen Eindrücken abhängige Pe=
trus, kommt auf den Gedanken, der Herr unterrede
sich mit Moses und Elias. (Wie pfiffig nun auch der
Petrus sein soll!) Am wenigsten dürfte uns die Stimme
vom Himmel in Verlegenheit setzen (bitte recht sehr,
bei Leibe nicht!), denn bekanntlich sehen die Juden den

Donner für eine Stimme der Gottheit an, welche sie denn nach den Umständen sich selber deuten." Allerdings alles nach Umständen! Ich wünschte nur, Herr Hülsmann käme mit seinem unfruchtbaren Verstande, wie man zu sagen pflegt, in andere Umstände.

Es ist keineswegs Herrn Hülsmann's Verstand, es ist der menschliche Verstand überhaupt, der mit Unfruchtbarkeit geschlagen ist, wenn es auf die Lösung der tieferen Räthsel des Lebens ankommt. Der Verstand ist ein sehr guter Bursche, für alle endlichen Dinge sehr brauchbar; er ist der beste Lohnlaquai, der dir die Merkwürdigkeiten dieser Welt zeigt und deutet, er ist der beste Stiefelputzer, der dir die Kleider säubert, er ist Romeo's treuer Knappe, der ihm die Fackel trägt bis ans Grabgewölbe, wo Julia begraben liegt und mit ihr alle Heiligthümer des Lebens. Da wird der gute Bursch verabschiedet, die Leuchte wird selbst zur Hand genommen. Ein Grabgewölbe, das Schätze birgt, steht um einen Jeden herum mitten im Blüthenwalde der Erde. Eine Pforte hat Jeder zu entriegeln, sei's, um im Kuß zu sterben, sei's, um todte Lippen wach zu küssen. Der Verstand ist ein guter Junge, aber von so etwas versteht er nichts. Es wird ihm unheimlich, er wird dumm, und wenn er die Wache holt, kommt er doch zu spät und bleibt ein Narr. Der Verstand ist ein Calculant, der mehr als schlau sein möchte; wenn's hoch mit ihm kommt, wenn er recht sicher gehen will, holt er die Polizei, wie Romeo's Diener, denn die Polizei ist ein sehr verständiges Ding. Der Verstand ist ein Mensch nach der Uhr, und wenn er doch zu spät kommt, so liegt es daran, daß die Sonne noch weit richtiger geht, als seine Taschenuhr. Ich habe allen Respect vor dem Verstande, diesem ehrlichen Philister, der mir seine Rechnungen sehr pünktlich bringt; ich mag ihm nichts schuldig bleiben, sonst holt er die Wache. Der Verstand ist ein Ding, das der Schöpfer halb im Zorne, halb in satyrischer Anwandlung geschaffen hat. Der Verstand ist eine furchtbare Geißel für den Menschengeist; er ist der ewige Rechner und Zähler im Leben. Nachts ist er Nachtwandler, zählt die Stunden, arretirt die schwärmenden Gemüther. Den Tag über ist er Buchhalter, sitzt und rechnet, und wenn das Facit nicht

stimmt, wirft er dir das Buch an den Kopf, den leeren
Beutel um die Ohren. Das ist die furchtbare Prosa
dieses Mannes, der immer mit zugeknöpftem Rocke
durchs Leben geht. Er trägt wasserdichte Stiefeln, sein
Filzhut ist unverwüstlich. Einen Zopf kannst du ihm
nicht drehen, denn er hat schon einen, einen langen,
dürren, so lang, daß man sich an ihm erhängen könnte.
Es ist gut, daß einer da ist, der den Profoß spielt und
die Mahnbriefe herumträgt, es ist gut, daß einer dir
vorrechnet, wie viel Sohlen du auf Erden abläufst,
und dich erinnert, wie viel Leder zu deinem irdischen
Wandel gehört, wie viel Nähte deinen Lebensrock zu=
sammenhalten. Was aber Himmel und Erde zusam=
menhält, davon weiß der Verstand blutwenig, oder er
müßte denn alle Morgen an seine Brust schlagen und
zu seinem Schöpfer beten: Gieb mir eine Unze Phan=
tasie, guter Apotheker, um mein verdörrtes Gehirn zu
feuchten! — Wenn ich auf dem Sterbebette liege, mit
dem Uebergange in jene Welt beschäftigt, und dieser
Lederne erscheint mir auch dann noch, um mir die

Schusterrechnungen für abgeriſſene Sohlen zu überrei=
chen, — ſo wende ich mich — —.

Der Verſtand in der Prediger=Bibel iſt ſo ein
Mann, der noch quittiren will, wo ſeine Rechnungen
nicht mehr gelten. Es wird hier der ganze dürftige
Cacül des Rationalismus wieder aufgewärmt, obwohl
er kalt läßt und Niemand mehr wärmt. Chriſti Tod,
ſagt die Prediger=Bibel, könne nur ein Scheintod ge=
weſen ſein; wären dem Heiland die Füße wirklich durch=
bohrt worden, ſo hätte er ja nachher nicht ohne Krücken
herumgehen können. Der arme Verſtand wird faſt
witzig wenn er banquerott iſt. Sein Banquerott aber
liegt ſchon in dem Gedanken, daß Gott Menſch ge=
worden iſt. Wenn Gott nicht Menſch geworden wäre,
Gott und Menſch ſich nie und nirgend geküßt hätten
bis in ihre tiefſte Seele hinein, führwahr! die Erde
wäre ein jämmerlicher Ameiſenhügel, das Leben ſo
wurmſtichig wie eine hohle Nuß. Es hilft nichts, daß
Hr. Hülsmann ſagt, Chriſtus ſei ein „eminent Begab=
ter,“ ein „Einzigartiger“ geweſen. „Einzig artig“ iſt
ein ſehr artiger Ausdruck, ſoll heißen „einziggeartet.“

Und von Christi Erziehung macht Hr. Hülsmann viel
Aufhebens. Ach, lieber Mann! ich habe auch eine sehr
gute Erziehung genossen, auch war ich sehr artig, wenn
auch nicht einzig artig, allein ich habe mir oder der
Welt und dieser schlechten Zeit noch keinen von den
vielen Teufeln austreiben können, den armen Teufel
am wenigsten. Und den Glauben an die Wunder des
Lebens sollte der Verstand, selbst wenn er es könnte,
nicht eher forträumen wollen, bis alles Ungemach ge-
tilgt ist, das Unglück aufhört, kein Herz mehr weint,
kein Gehirn mehr irre wird an unsäglicher Qual.
Wenn die liebe Menschenwelt erst so regelrecht geht,
wie eine elberfelder Spinnmaschine, dann hört aller
Schmerz, alles Irresein, alles Verzweifeln über den
Gang der Dinge auf, dann brauchen wir keinen Glauben an Wunder mehr und keine Zuversicht auf plötzli-
ches Einwirken vom heiligen Himmel. Aber das
Schönste, das Bedeutendste in Schmerz und Lust, tritt
oft sehr confus ins Leben. Du gewinnst heute, was
du morgen verlierst, bist arm und leer eine lange Zeit,
und dann fällt einmal wieder ein Stern vom Himmel

in deine Seele, ein Herz zittert an dem deinen, un=
verdient, unverhofft — und vom Zufall an allen dei=
nen Nervenspitzen durchschüttelt, glaubst du an Wun=
der. Und das Wunder macht dich licht und hell in
deinem Gemüthe, und macht dich starkherzig und freu=
digklar, denn du fühlst dich wieder im Zusammenhange
mit der Geisterwelt. Hier herrscht auch ein bestimm=
tes Gesetz des Umschwunges und der Haltkraft, aber
wir kennen es nicht. Wir fühlen die Gewalten der
Attraction und Repulsion, aber wir kennen nicht ihre
Ursache. Wir schweben als Geister, nicht nach Willkür,
nicht nach Nothwendigkeit, wir schweben frei und doch
gebunden um eine große Geistersonne, die Gott ist.
Wir suchen uns, wir fliehen und wir halten uns fest;
es ist im Wandel der, ach! so wandelbaren Seele doch
eine bindende Macht, aber sie ist geheim, verborgen wie
Gottes Schooß. Du kannst das Maß des Geistes
nicht ausmessen, denn du bist selber maßlos, Menschen=
geist. Darum sei nicht blöde, nicht eng wie ein Al=
raun, im Baumast eingeklemmt, sei himmelweit und
ahne, wo du nicht fassen und begreifen kannst. Und

wenn du vor den Pforten des Gewölbes stehst, wo die
Schätze des tiefsten Lebens ruhen, so thue die bestäub-
ten Schuhe deines ledernen Verstandes von dir, denn
die Stätte ist heilig.

Ja, wenn das Menschenleben eine elberfelder Spinnmaschine wäre! — Aber dann gäb' es auch öligen
Qualm. So ein stockiger Oelgeruch weht mich aus
der Broschüre Sr. Ehrwürden des Herrn Magister
Sander an, dessen qualmiger Glaubenseifer nicht blos
die Lehrsätze, sondern auch den persönlichen Werth des
Herrn Hülsmann verdammen möchte. Die Schrift
nennt sich ein „theologisches Gutachten über die Prediger-Bibel," ihr Verfasser einen „Diener am göttlichen Worte in Wichlingshausen." Sie ist das Er-
zeugniß einer schwülen Verdumpfung. Ein Herr v.
Hammer hat zwei Sendschreiben an den Verfasser der
Prediger-Bibel geschrieben; er nennt den stürmischen
Magister einen Zettelträger des Evangeliums, der die
Stichwörter des Christenthums wie ein Marktschreier
gebrauche, um das Publicum zu gewinnen. Ein Hr.
Snethlage, Pastor in Unterbarmen, hat zur Begüti-

gung der erhitzten Gemüther mit gelindem Oele eine
Broschüre geschrieben. Herr Hülsmann hat sich ver=
theidigt. Seine zwei Brüder beleuchten in besondern
Schriften die Streitfrage, der eine, ein Prediger in
Elberfeld, als Lehrer der Gemeinde, der andere, Ge=
richtsdirector in Iserlohn, als Mensch und Jurist. Als
Jurist hat der Letztgenannte den großen Vortheil, dem
pietistischen Zionscerberus Verstöße gegen die Gesetze des
Staates nachzuweisen, als Mensch gebührt ihm das Ver=
dienst, den dumpfen Aufsatz in der berliner evangelischen
Kirchenzeitung aufgeklärt zu haben. Diese Hengsten=
bergsche Zeitung nannte Magister Sander's leidenschaftlich
einseitige Schrift ein gründliches, wahrhaft theologisches
Gutachten. So steht es um die verwüstete Kirche
Christi! Sehr schwächlich tönen dazwischen Herrn
Spitzbarth's dünne „Worte des Friedens." Die Ge=
meide des Herrn Hülsmann hat in einer eigenen Bro=
schüre ein Zeugniß ausgestellt, um den persönlichen
Werth ihres Predigers und seine anerkannt moralische
Würde gegen Sander's scheelsüchtige Seitenblicke zu

sichern. Ein Herr Immanuel Verus, — der — sei=
nen Namen — mißbraucht, — hat auch — —

Verzeihen Sie, meine Freuudin, ich war einge=
schlafen. Selbst der Gedanke, Ihnen zu schreiben, hat
mich nicht wach erhalten können. Die Broschüren=Fa=
brik im Wupperthale hat einen so einschläfernden sur=
renden Ton wie eine ferne Wassermühle.

Der Graf aus Westphalen trat ins Zimmer; er
hielt ein zerfetztes Blatt Papier triumphirend in die
Höhe. „Quälen Sie sich nicht mehr mit der Sich=
tung dieser christlichen Wirren im Wupperthale," sagte
er lachend, „die Justiz hat entschieden, was bei der
Verhetzung der Gemüther kaum noch zu schlichten mög=
lich schien. Magister Sander war in seinem Eifer so
weit gegangen, die Rechtmäßigkeit der Predigerwahl
seines Gegners in Zweifel zu ziehen und die Vorsteher
der schwelmer Gemeinde in ihrer Function als Wähler
zu kränken. Daraus entstand ein Proceß. Hier ist
der Entscheid. Der stürmische Zelote ist in die Kosten
verurtheilt, muß 50 Thlr. Geldbuße und den beleidig=
ten Vorstehern 100 Thaler als Entschädignng und

Schmerzensgeld zahlen. Sehen Sie, hier steht's schwarz auf Weiß, obschon kaum noch leserlich. Ich habe das Blatt den Händen der wüthenden Streiter unten im Saale entwunden. Alles ist hier in unglaublicher Erhitzung, entweder für oder gegen die Sache."

Ich muß noch einen Punct erwähnen, der einen Blick in die Zustände deutscher Gemüther eröffnet. Herr Hülsmann, überall beipflichtenswerth, wo es die Praktik des menschlichen Lebens betrifft, spricht in seiner Prediger=Bibel sehr vernünftig über die Ehe und deren Auflösbarkeit. Ich bin Protestant und kann als solcher die Ehe nicht für ein Sacrament in dem Sinne ansehen, wie es die Taufe ist, bei der das Symbol das Göttliche ein für alle Mal vertritt. „Unwiderstehliche Abneigung," sagt Herr Hülsmann, „gänzlicher Mangel an aller sogenannten Wahlverwandtschaft ist Grund zur Ehescheidung." Ich kam das nur sehr natürlich finden, denn wo die Liebe fehlt, fehlt dem Bunde alle Weihe. Nun kommen die Orthodoxen und sagen: Ihr seid vor Gott verbunden, ihr müßt euch ertragen; auch wo ihr euch hasset, müßt ihr die Gemeinschaft als

Strafe dulden! — das heißt die Ehe zu einer Straf=
anstalt machen. — „Getrennt darf die Ehe werden,"
sagt Hülsmann, sobald die Endzwecke dieser Verbindung,
gegenseitige Veredlung und Beglückung, Fortpflanzung
des Geschlechts, nicht mehr erreicht werden können, oder
wenn die Fortsetzung derselben nur zum Unheil und
Verderben beider Theile ausschlägt." Ich finde das
sehr bündig und naturgerecht. Das heißt noch nicht,
die Ehe zu einem blos civilen Vertrage, wie nach dem
Code Napoleon, herabsetzen, es heißt blos darauf halten,
daß die Ehe eine geistige sei, denn nur wo das Band
auch ein geistiges ist, erscheint die Gemeinschaft in ihrer
Heiligkeit. Furchtbar aber sind die Ausbrüche des blin=
den, stumpfen Eifers, der im Magister Sander seinen
Vertreter gefunden. „Ist das nicht verfluchtes Hei=
denthum!" schreit er in seiner bigotten Schrift. „Sind
das nicht Grundsätze, wie sie die verruchten Rehabilitato=
ren des Fleisches, wie sie die Herren vom jungen Deutsch=
land predigen?"

Hier muß ich erröthen, ich weiß nicht, ob mehr
aus Scham oder aus Zorn. Erröthen Sie mit mir,

Kühne. Charaktere. I.

Leopoldine, damit noch Jemand da ist, der sich entfärbt
über die schamlose Sprache, die der dumpfe Wahn
dieser Zeit führt. O, ich fluche dieser Reise durch
Deutschland, denn aus jedem Winkel, den mein Fuß
betritt, tönt mir die Schande meiner Nation entgegen,
und ich weiß nicht, wo ich mein Haupt verbergen soll
vor den geheimen Gräueln eines still brütenden Hasses,
der in jedem deutschen Neste seine versteckte Klaue wetzt.
Magister Sander bedient sich zweier literarischen Namen
nur um sein Publicum zu fanatisiren, er gebraucht einen
Complex junger Schriftsteller, wie ein anerkanntes
Schreckmittel, um den christlichen Gemüthern Aufruhr
zu predigen. Und dieser Magister nennt sich einen
Diener am Worte Gottes, einen Verkünder der Reli=
gion der Liebe! Ist denn das Leben eines Menschen,
— denn die Ehre ist sein geistiges Leben, — allen
Verketzerungen schnöder Willkür so ganz schutzlos preis=
gegeben? Und ein deutscher Literat, Leopoldine, ist doch
wohl auch ein Mensch? Ich frage schüchtern, meine
Freundin. Lachen Sie nicht! Was ich ausschreien
möchte in die Welt, legt sich wie ein demüthig gebück=

tes Fragezeichen an Ihr menschliches Herz. — Se. Ehr=
würden der Magister und Prediger Sander hat sich li=
terarischer Namen bedient, um sein Publicum zu fana=
tisiren. Er hat die persönliche Würde der hier in der
Streitsache Betheiligten verletzt; dafür muß er 50 Thlr.
Buße und 100 Thlr. Schmerzensgelder zahlen. Aber
die beiden Auflagen seiner neuesten Schrift sind in mehr
als tausend Exemplaren unter das ganze Volk des Wup=
perthales verbreitet. Zahlt er nichts dafür, daß er auf
zwei literarische Personen so gut als von der Kanzel
herab wie auf vor Gott und Menschen gebrandmarkte
Verbrecher hinweist? Der Magister Sander kennt den
Namen des Einen nur nach Menzel's colossalen Wuth=
ausbrüchen, die Schriften des Andern nur nach der
geistverdumpften Hengstenberg'schen Kirchenzeitung, de=
ren religiöser Jacobinismus jetzt so weit geht, daß auch
der ehrwürdige Neander, in Folge seines Gutachtens
über das Werk des genialen Strauß, nicht unangetastet
bleibt. Ich habe eine hohe Achtung vor Karl Gutzkow,
zu Theodor Mundt eine Liebe, die — „auf die tiefste
Wissenschaft sich baut." Sind Ihre Augen schon trübe

vom Lesen, Leopoldine, zünden Sie noch eine Nacht=
kerze an, reiben Sie sich den Schlaf aus den schönen
Wimpern, ich weiß, es ist schon tief in der Nacht, aber
Sie dürfen noch nicht schlafen gehen, ich habe Ihnen
noch ein Geheimniß ins Ohr zu flüstern: — recht scheu
und schüchtern: — dieser Mundt ist ein wahrer einge=
fleischter Christ! Wir deutschen Seelen, die wir noch
ein bischen Edelmuth im Leibe haben, müssen uns ge=
wisse Dinge so ganz verschwiegen in aller Nacht zuflü=
stern. Fühlen Sie den Athemzug meines Mundes,
Dina? Schreien darf ich nicht. Aber ich will es
Ihnen deutlich machen.

Ich habe vier brennende Kerzen auf meinen Tisch
gestellt; der westphälische Graf hat mir die seinigen her=
übergeholt; man muß sich mit seinen Lichtern zusam=
menthun, die Nacht ist gar zu dunkel. Ich habe zum
guten Glücke eine von Mundt's Schriften im Reise=
koffer. Der gute Graf blättert darin und dictirt mir
eine Stelle daraus in die Feder. Hören Sie, Dina,
wie Theodor Mundt ein christlicher Mensch ist.

„In der ganzen Welt lag vom Uranfange her eine

unendliche Zerriſſenheit ausgeſäet. Gott wohnte im
Himmel, und die Menſchen auf der Erde, und das war
die urſprüngliche Weltanſchauung, es gab eine andere
nicht. Durch dieſe Weltanſchauung blitzte jedoch immer
die ſeltſame Ahnung einer längſtvergangenen Einheit
des Menſchengeſchlechtes mit Dem, nach deſſen Eben-
bilde es erſchaffen worden, hindurch. Daher in den
Urgeſchichten aller Völker der wunderſame Frühſonnen-
traum des Paradieſes. Und durch jede Bruſt ging nun
das ewige Ziehen und Bewegen nach der Einheit, ſie
war der Univerſalſchmerz des geſammten Geſchlechts.
Der Schmerz iſt der Vater aller Bewegung, und der
Schmerz trieb die Menſchen, in allen Zuſtänden ſich
herumzuwerfen, es war der Schmerz um die wiederge-
ſuchte Einheit. Der Schmerz um die Einheit machte
die Geſchichte. Aber es war ein ſeltſames Schickſal,
wie wenig Einheit gewinnen konnte der Menſch. In
ſeinem Herzen walteten nichts als feindlich getrennte
Mächte, und ſein Haupt umſchwärmten wie unglück-
bedeutende Vögel ſeine zwieträchtigen Wünſche. Was
er heute geliebt, mußte er morgen haſſen, und der eine

Theil seines Daseins wußte von dem andern Theile nichts, oder stand kriegführend gegen ihn auf. Es lagen zwei Welten in ihm auseinander in schreiender Spaltung, von denen die eine Abscheu trug vor der andern, und Gott und Welt, Himmel und Erde, Geist und Fleisch, blickten sich aus unabsehbarer Ferne, ohne Liebe und ohne Versöhnung an. Wer der Freiheit nachstrebte, fiel der Knechtschaft des Fleisches in die Arme, und wer in der Knechtschaft schmachtete, weinte laute Thränen um Freiheit des Geistes. Ein ohnmächtiger Groll seufzte durch die ganze Existenz, und die düstere Melancholie des im Fleisch versunkenen Aegyptens, und die in Verzweiflung endigende Heiterkeit des an der Kunstverschönung des Fleisches bildenden Griechenlands mischten als die beiden Hauptelemente die Weltgeschichte. Und es war, als hätte Gott im Himmel nicht länger Ruhe, so sehr erbarmte ihn die Welt, die aus eigener Vernunft ihn nicht finden konnte. Er kam in die Welt, und die Welt hat ihn nicht begriffen. Er trat in das Fleisch und mußte sterben. Er wurde Mensch und ward mit Ruthen gegeißelt bis aufs Blut.

Mit einem Todeskusse hatten Gott und Welt sich um=
schlungen, und die Erde dröhnte und zitterte, und es
war ihr, als müßte sie vergehen in die Ewigkeit hinein
an dieser Umarmung. Aber sie verging nicht, und in
dem Wesen durchdrang sie der Geist der Liebe, und sie
sog den neuen Lebenskeim begierig und tief ein in ihren
Schooß." —

Der treffliche Graf aus Westphalen ist unermüdlich.
Ich drückte ihm die Hand, er blättert und findet eine
zweite Stelle. Ich blicke durchs Fenster in die Dun=
kelheit hinaus und denke an Dich, Dina. Der lichte
Stern Deines Auges leuchtet mir aus aller Nacht hin=
durch und sänftigt mein wildes Gemüth. Der gute
Graf liest und ich schreibe:

„Verdammungswürdig sind der St. Simonisten
religiöse Meinungen, weil durch ihre Lehre von der
Materie, die Alles ist und auch Gott, nur ein heidni=
scher Pantheismus herauskommt, und selbst die Reli=
gion zur Industrie wird, weil die Welt zu einem
Verarbeitungsartikel der Technik wird. Falsche Pro=
pheten seid ihr gewesen; ihr St. Simonisten! sage ich.

Denn wenn ihr predigt, Gott sei Geist und Fleisch, so
betet den Mensch gewordenen Gott in Christus an!
Eure mit unreinen Schlacken gemischte Lehre ist im
Christenthume längst und ursprünglich als etwas Rei-
nes und in eine große Zukunft Hineindeutendes enthalten. Das Christenthum bedarf keiner künstlichen Um-
gestaltung, keiner systematischen Revolutionen, aber es
ist fähig einer Entwickelung bis in alle Ewigkeit der
Zeiten hinein. Aus den Kirchen, aus den Klöstern,
aus dem Kämmerlein der Betenden hat sich das Christenthum in die Geschichte hinein entwickelt, und steht
nicht mehr wie eine abgelegene Zelle der Andacht, in
die man sich vor dem Geräusch der Welt flüchten könne,
da. Das Christenthum ist Geschichte geworden, es ist
nicht mehr blos ein Asyl der Armen und Kranken, sondern es hat sich zu einem Welttempel der Völker aus-
gebaut. So erfüllt es die Bedeutung, daß Gott in
die Welt gekommen ist, immer mehr und mehr. So
kann und wird das Christenthum, gleich wie es früher
die Religion der Disharmonie war und eine Spaltung der
Lebenszustände begünstigte, nun auch eine harmonische

Bildungsepoche der Völker, die sich von allen Seiten mächtig vorbereitet, nähren und tragen, ja erzeugen. Und das Geschlecht faßt sich recht menschlich zusammen in der gesunden Einheit seiner göttlichen und weltlichen Bestimmung, und vollbringt mit Freude und Ruhe die Thaten des Lebens."

Und nun gehen Sie schlafen, Dina, mit Freude und Ruhe. Ich lösche herzlich gern diese Kerze aus, die ich hier in Elberfeld anzündete. Der Graf ist schon zur Ruhe; morgen in aller Frühe fahren wir nach Düsseldorf. In den Wogen der Musik wollen wir untertauchen und vergessen, was Deuschland Schnödes und Herbes erzeugt. Ist doch Musik auch eine Gabe meines Volkes. Sie ward ihm gegeben, sich zu berauschen und im süßen Rausche seine sterilen Narrheiten zu vergessen. Und nun gute Nacht, Dina, gute Nacht! Ich stehe am Fenster, ein wolkenvoller Himmel über mir, aber über Dunkelheit und Wolken hinaus reicht meine Seele bis zu dem fernen Stern der Liebe, der

mir — nie untergeht? Gute Nacht! Engel brauchen
Dich nicht zu behüten, Du aber behüte mich, mein
sanfter Stern.

————

7.

Düsseldorf, am ersten Pfingsttage.

Ein großartiges Tonwerk ist mit der ganzen Gewalt der ersten Eindrücke über mich gekommen; ich bin
erquickt und gestärkt und feiere so meine Pfingsten. Es
ist Mendelssohn's Paulus, vielleicht an Erfindung groß,
jedenfalls aber größer durch gedankenvolle Ausführung.
Schon wenige Stunden nach der Ausführung, die heute
Abend erfolgte, bin ich Herr — nicht des Kunstwerkes,
aber meiner Totalempfindung, und setze meinen innern
Menschen mit dem Genius, der die Geburt hervorrief,
in Einklang. Das ist nicht Kritik, nur Nachempfin-
dung, nicht die Kraft des Verständnisses, sondern weibliches Anschmiegen des Geistes, kindliche Empfängniß-
lust und ein Durst der Seele, Schätze zu erobern in

aller Welt. Das Tonwerk hat das Gehäuse meines innern Menschen durchtönt, meine Seele ausgedehnt zu einer weiten Halle, und das Stück spielte in mir selber. Das waren nicht mehr jene fünfhundert Sänger und Instrumentalisten, die terrassenförmig hinter und über einander saßen in gedrängten Reihen; es war meine Seele, in deren Räumen das alles ertönte, die wilde Wuth der Verfolgungslust, die zerknirschte Demuth, zu der der Herr aus den Wolken spricht, und der ganze Jubel des aufgerichteten, gottdurchglühten Paulus. So läßt sich ein echtes Tonwerk an der Resonanz der eigenen Seele belauschen. Nicht die Noten brauchst du zu zählen, die Fermaten zu messen, auf die Intervalle zu merken, aber dein innerer Mensch muß zur Resonanz gebildet und gewöhnt sein. Was du dann nachher in der Partitur aufspürst, dient zum Verständniß des Einzelnen, und gibt dir Blicke in die verschiedentlich bedingte Nothwendigkeit des Satzes, aber zur Totalempfindung muß es beisteuern, wenn du es als organisches Ganzes, nicht als Mixtum von vielen Einzelnheiten, hinzunehmen im Stande bist. Mich

dünkt, hierin liegt der Grund, warum Musiker von
Beruf über ein Tonwerk als Ganzes und als Offen=
barung des Geistes für den Geist, so selten Rede und
Antwort stehen. Sie sind über das Detail der techni=
schen Durchführung so spinnenfein klug, daß sie bei all'
den Finten und Praktiken die Fähigkeit verlieren, ein
Werk als eine verschiedentlich gegliederte Einheit auf
sich wirken zu lassen oder ein bewußtes Zeugniß abzule=
gen von einem Totaleindruck. Ueber der Betrachtung
des Versbaues vergißt man den Sinn des Gedichts,
über der Physiognomie eines Instrumentalabsatzes den
Hauch der inwohnenden, obwohl im Körper offenbar
gewordenen Seele, über der Technik der Musik ihre
Poesie. Dazu kommt die stumpfsinnige Abpferchung
in Schulen, so daß jede die Schwächen, aber nicht die
positiven Eigenthümlichkeiten der andern begreift. Es
geht nichts über den grillenhaften Eigensinn fungiren=
der Musiker, nichts über die sterile Anmaßung, es sei
falsch, ein Werk der Kunst sich als ein Werk für den
Menschengeist zu deuten. Wer in Mozart's indivi=
dualisirendem Charakterstyl in der Oper erwachsen ist,

glaubt das Recht zu haben, Spontini's Völkermusik zu
verwerfen, die eben nicht die Poesie des Individuums,
sondern die Poesie der Nationen im Auf= und Unter=
gang der Welt austönt, und allerdings mit ihren him=
melweiten Schwingen den Schmerz und die Lust der
vereinzelten Seele überflügelt und begräbt. Es gibt
zwar überall Liebhabereien auch für Literatur und Lec=
türe, aber sie werden nicht mit der grillenhaften Arro=
ganz, wie in Bezug auf Musik, nicht von denen ge=
trieben, die das Wort führen. Wer Pope liest und
Laurence Sterne verdammt, als den Gegensatz des Hu=
mors zum steifen Ernst, wer Klopstock anstiert und Jean
Paul verwirft, den nennt man ehrlicher Weise einen
sterilen Pedanten, wer aber auf den Ernst der deutschen
Musik pocht, dünkt sich einen Eingeweihten, wenn er
für Rossini's Humor stumpf ist. In musikalischer Be=
ziehung ist das Philisterthum und die Bornirtheit noch
gar nicht oft genug mit ihrem eigentlichen Namen ge=
nannt. Denn Bornirtheit ist es doch wohl, den Hu=
mor denselben Gesetzen zu unterwerfen, die sich der
Ernst zu stellen hat. Aber hier meint jeder ein Recht

zu haben, seine Unfähigkeit für Einsicht zu halten. Wer die dramatische Entfaltung der deutschen Opernmusik liebt, nennt die lyrischen Sonett= und Cánzonen= Ergüsse der italienischen Oper charakterlos, obschon diese gar keine dramatische Gestaltung nach deutscher Art anstrebt, und nur die lyrischen Gewalten der Musik festhält, wie Calderon seinen Helden, statt Shakspearisch= dramatischer Monologe, lyrische Blumengewinde mit allem Zauber der südlichen Rede in den Mund legt, und aus der Tiefe der aufgelösten Seele auch bei diesem südlichen Dichter nur musikalisch=lyrischer Blumenduft aufsteigt. Man hütet sich, die Arabeskenformation der Calderon'schen Poesie zu verwerfen, aber man will nichts davon wissen, daß die italienische Oper noch weit mehr als ein südliches Drama die Berechtigung hat, ein lyrisches Oratorium zu sein. Wer Gluck's und Mozart's festgeformte, in sich fertige Gesänge preist, verschmäht die italienische Arie, die der Stimme die Function zugesteht, auch ihrerseits als productive Künstlerin zu erscheinen und mehr zu sein, als nur Instrument. Wer Palästrina's Motette und Marcello's Psalmen schätzt, hält allen Fortschritt im Kirchenstyl für eitle Ausartung, und verwirft die spätern Messen, welche sich alles Aufschwunges weltlicher Musik und aller Fülle der dramatischen Instrumentation bemächtigten.

Mendelssohn-Bartholdy erscheint mir in seinem „Paulus" so recht als der glückliche und seiner Aufgabe bewußte Erbe der großen Schätze unserer musikalischen Vergangenheit. Das Werk athmet in den Gesangspartien die grandiose Einfachheit des frühern deutschen Kirchenstyls, seine Instrumentation hat Besitz genommen von dem ganzen Reichthum der freiesten Entfaltung, die sich von Beethoven datirt. So versteht das echte Talent immer die Forderungen seiner Zeit, und fühlt sich, ohne einseitige Absperrung, im großen Zusammenhange der Geister, mag sie es seine Väter oder seine Brüder nennen. Mendelssohn's „Paulus" ist ein tiefgedachtes, feinsinnig durchgeführtes Kunstwerk. Ich suche mir jetzt den Totaleindruck nach den geistigen Substanzen, welche der Ton zur Sprache bringt, zu zergliedern.

Die Ouvertüre gibt eine Variation über den Cho-

ral: „Wachet auf, ruft uns die Stimme." Das ist
das Präludium zum „Paulus", denn das ganze Ton=
werk hat dies „Wache auf!" zum Thema. Chöre und
Recitative geben dann in lyrischer Exclamation und epi=
scher Schilderung ein musikalisches Bild vom Zustande
der Dinge nach Christi Tode. Die Apostel predigen
von der Auferstehung des Herrn, Stephanus thut
Wunder, die Schriftgelehrten werfen falsche Zeugen ge=
gen ihn auf, und das aufgeregte Volk ruft: Steiniget!
Stephanus sinkt sterbend nieder — sein Auge sieht den
Himmel offen und des Menschen Sohn zur Rechten
Gottes. Ein sehr weise benutzter Luther'scher Choral
spricht in der körnigen Diction des ältern Kirchenstyls
von der Kraft des gottergebenen Glaudens, ein Chor
besingt mit Flötenstimmen die Wonne des im Herrn
Entschlafenen, eine wunderschön gesetzte Sopranarie *)

---

*) Jerusalem, Jerusalem! die du tödtest die Propheten und
steinigest, die zu dir gesandt sind!" u. s. w., von Mad. Fischer=
Achten sehr gewandt und correct gesungen, obwohl die spitze Dün=
nigkeit ihrer hohen Töne dem klagenden Charakter der Arie eini=
gen Abbruch that. Den Paulus sang Herr Fischer oft ergreifend
schön, sobald er nicht fehlte, was freilich nicht ganz selten geschah.

ruft ein Wehe über Jerusalem. Mit diesem Wehe=
rufe, mit welchem der Geist des Judenthums sich selbst
ein tragisches Lebewohl sagt, und mit jenem Chor **),
der die Süßigkeiten des unsterblichen Lebens und somit
den Sieg des Christenthums besingt, ist die Geschichte
des Stephanus, das Vorspiel des ganzen Werkes, be=
schlossen. Zugleich liegen die großen Gegensätze, die
sich im weitern Verlaufe musikalisch herausstellen, hier
schon angedeutet.

Wir stehen nun im Atrium der Halle, die der
Künstler uns erschließt. In schärfern Athemzügen
bringt nun die Wildheit des Lebens auf die Religion
des Friedens ein. Saulus ruft zum Herrn Zebaoth
und fleht um seinen Zorn. Mit dieser Arie beginnt

*) „Siehe, wir preisen selig, die erduldet haben! Denn ob
der Leib gleich stirbt, doch wird die Seele leben." Die Chöre,
106 Soprane, 60 Alt, 90 Tenore, 108 Bässe, waren mit einer
meisterhaften Sicherheit eingeübt. In den Ernst des Studiums
mischte sich die frischeste Lebendigkeit und die heiterste Liebe zum
Kunstgenusse, wie sie vielleicht nur unter den Rheinländern in sol=
chem Maße zu finden ist. Die vielen mühsamen Proben waren ein
Festgenuß für den Dirigenten, denn der Eifer der begeisterten Di=
lettanten überstieg alles gewöhnliche Maß.

der eigentliche musikalische Stoff des Werkes. Was
Saulus lyrisch selber spricht, malen Recitative mit Chö=
ren episch weiter aus. Racheschnaubend zieht der He=
ros des Judenthums, das Schwert in der Hand (den
dunkeln scharfen Baß in der Brust), von Ort zu Ort,
nm die Christen zu vertilgen! Aber siehe! als er auf
dem Wege war und nahe zu Damaskus kam, umleuch=
tete ihn plötzlich ein Licht vom Himmel und er fiel auf
die Erde und hörte eine Stimme, die sprach zu ihm:
„Saul, Saul! was verfolgst Du mich?" Er aber
sprach: „Herr, wer bist Du?" Der Herr sprach zu
ihm: „Ich bin Jesus von Nazareth, den Du verfolgst!"
Und er sprach mit Zittern und Zagen: „Herr, was
willst Du, daß ich thun soll?" Da tönt der Chor aus
den Wolken: „Mache Dich auf, werde Licht! denn
Dein Licht kommt und die Herrlichkeit des Herrn gehet
auf über Dir. Denn siehe, Finsterniß bedeckt das Erd=
reich und Dunkel die Völker! Aber über Dir gehet
auf der Herr, und seine Herrlichkeit erscheint über Dir."
Ein Choral, der nun folgt, verklärt diese an Saul ge=
richtete Mahnung zu einer Gültigkeit für alle Welt.

„Wachet auf! ruft uns die Stimme der Wächter, sehr
hoch auf der Zinne. Wach' auf, Jerusalem, der Bräu=
tigam kommt, stehet auf, die Lampen nehmt, — Hal=
leluja! — macht Euch bereit zur Ewigkeit, Ihr müsset
ihm entgegengehn!"

Hier ist die Instrumentation auf dem Höhepunct
künstlerischer Vollendung. Und der musikalische Genius,
der sich dieser Mittel zum Ausdruck der Situation be=
dient, ist hier ganz im Vollgefühl einer trunkenen Ver=
klärung, wie sie die Religion der prophetischen Liebe,
die da ruft: „werde Licht!" wie sie die Religion des
freien Christenthums einflößt. Diese Stelle im Chore:
„werde Licht!" ist in blos instrumentaler Beziehung
nicht so bedeutsam wie Haydn's „und es ward Licht!"
in der Schöpfung, wo das dunkle Gewühl der wogen=
den Instrumentalmächte plötzlich auseinanderbricht und
in einer langgezogenen, breiten Helligkeit das Phäno=
men der aufsteigenden Sonne bezeichnet. Es war dort
mehr Spielraum für Naturmalerei. Aber in musika=
lischer Hinsicht, insofern Musik mehr ist als Instru=
mentalwirkung, ist die Passage in Mendelssohn's Chor

bedeutender, weil sie das Aufsteigen einer geistigen Sonne bezeichnet, und inniger, wärmer und zarter die Metamorphose der Welt des Gemüthes und die Tagwerdung des geistigen Lebens zum Ausspruch bringt. Man kann recht eigentlich sagen, daß MendelssohnBartholdy mächtig ist im Zarten, kräftig in der Milde. In seinen MährchenOuvertüren entfaltet eine kindlich träumerische Psyche zu wunderbarem Flügelschlage ihre leisen Schwingen. Und hier in der angeregten Stelle des Oratoriums fliegt das Wunder der Lichtwerdung des Geistes wie eine Botschaft der Liebe durch die weite Welt.

Ein Recitativ schildert die Metamorphose des Saulus zum Paulus. Die darauf folgende Arie des in einen Diener Jesu Umgewandelten ist mit ihren drei Sätzen psychologisch wie musikalisch ein Meisterstück. Der erste Theil: „Gott sei mir gnädig nach Deiner Güte und tilge meine Sünden nach Deiner großen Barmherzigkeit. Verwirf mich nicht von Deinem Angesicht und nimm Deinen heiligen Geist nicht von mir. Ein geängstetes und zerschlagenes Herz wirst Du,

Gott, nicht verachten," — gibt die Demuth des im
Staube knieenden Beters. Der zweite Theil: „Denn
ich will die Uebertreter Deine Wege lehren, daß sich
die Sünder zu Dir bekehren! Herr! Thue meine Lippen auf, daß mein Mund Deinen Ruhm verkündige,"
— läßt die Seele des Paulus auftauchen und malt
musikalisch den Stolz des benedeiten Geistes, der sich
darauf etwas zu Gute thut, dem Herrn auf Erden
Triumphe zu bereiten. Der dritte Satz: „Und tilge
meine Sünden nach Deiner großen Barmherzigkeit!
Herr! verwirf mich nicht!" — verläuft sich wieder in
die Stimmung des ersten; aller Stolz der Begeisterung ergibt sich wieder in die zagende Demuth. Die
Tapferkeit seines Gemüthes spricht Paulus in der folgenden Arie aus, die den Dank enthält für die Erlösung seiner zornentflammten, verhüllten Seele. Ein
Chor verheißt mit milden Tönen vom Angesicht der
Welt alle Thränen fortzuwischen, und so fällt es denn
wie Schuppen von Paulus Augen, er wird sehend, er
läßt sich taufen, er geht in alle Welt, um die Wunder des Lebens zu predigen. Der Schluß-Chor des er-

sten Theils, welcher die unerforschlichen Wege Gottes preist, ist an Neuheit der Erfindung, Kraft und Weihe der tiefsten Empfängniß ein Glanzpunkt der ganzen Composition.

Nicht minder Chor und Fuge, womit der zweite Theil beginnt. Hier ist eine Kühnheit des Aufschwunges, die an Keckheit erfinderischer Wagnisse grenzt. Sonst ist der zweite Theil an Wechsel und Fülle des erregten Lebens nicht so reich als der erste; ob man die Anforderung einer Steigerung an ein Oratorium zu machen habe, bleibe hier außer dem Bereiche der Betrachtung. Die Martergeschichte des Stephanus und die Bekehrung des schwertlustigen Juden, den die Stimme des Herrn aus den Wolken ruft, das waren im ersten Theil an Stoff nud Idee außerordentlich reiche musikalische Momente, die in ihren Wirkungen an dramatische Effecte streifen, ohne sie zu erzielen und die Bedingnisse eines lyrischen Oratoriums aufzuheben. Der zweite Theil hat schon seinem Stoffe nach weniger erregende Hauptpunkte. Dafür gibt er eine musikalische Ausmalerei mehr episch gehaltener Situationen. Er

malt die Aussendung der Boten des Friedens über den
Erdkreis, die Ausgießung des Geistes über die dunkle
Welt. Was dem Stoffe hier an factischen Momenten
abgeht, wird durch künstlerische Hervorhebung von musikalischen ideellen Contrasten ersetzt, so daß erst hier die
gedankenvoll construirte Dialektik des Tonwerks recht
zur Erscheinung kommt. Von wunderbarem Eindrucke
ist die simple Kraft der beiden Choräle, in welchen
Pauli Gemeinde des Herrn Beistand erfleht, es ist die
Luther'sche Zuversicht des Christenthums, die sich wie
eine feste Burg mitten in das Gewirr des zwiespältigen
Lebens hinstellt. Paulus und Barnabas wenden sich
ab von den starrköpfigen Juden und wandern zu den
Heiden. Hier findet der Saamen empfänglichen Boden,
die Apostel thun Wunder, die Heiden jubeln über den
Tag der Erlösung. Aber ihr Jubel ist sinnlich und
eitler Art. Sie nennen Barnabas ihren Jupiter, Paulus ihren Mercur, sie treiben Rinder zu den Altären
und flechten Kränze für das Haupt ihrer dem Himmel
entstiegenen Götter. Hier ertönt der Chor: „Seid uns
gnädig, seht herab auf unsere Opfer!"

Wie im erſten Theile das Judenthum ſeine Cha=
rakteriſtik findet, ſeine Feier erlebt und in tiefer Weh=
klage über ſich ſelbſt (in der Arie: „Jeruſalem, Jeru=
ſalem") ſeine Auflöſung ahnet, ſo kommt nun im
zweiten Theile, als zweiter Gegenſatz zur Religion der
Verklärung, das Heidenthum zur Erſcheinung. Jener
Chor der Heiden ſchwimmt im Strome ſinnlichen Be=
hagens, ihr Opfergebet iſt ein Rauſch der erregten Ner=
ven, die Töne ſind wie mit Weihrauch und Myrrhen
ſüß durchduftet. Wir fühlen in dieſem Meiſterſtücke
charakteriſtiſcher Tonſetzung den Rhythmus der helleni=
ſchen Orcheſtik, wir ſehen auf den Wogen dieſer Melo=
dien den Reigentanz der Hetären und Grazien, das
ganze Gedet athmet ſinnlichen Duft. Paulus kräftige
Zornesſtimme macht dieſem Gottesdienſte ein Ende;
ſein Gott wohnt nicht in Tempeln, ſein Gott iſt Geiſt.
Da fahren die Heiden wild durch einander und im
Bunde mit den Juden wird der gottgewähnte Paulus
das Ziel ihrer Verfolgung. Mitten in dem Aufruhr
der Gemüther tönt die ſchöne Tenor=Cavatine, wie eine
Stimme aus Aetherhöhe: „Sei getreu bis in den Tod,

so will ich Dir die Krone des Lebens geben." Ein
Choral der Gemeinde umschirmt den Apostel wieder
wie Luther's feste Burg. Paulus scheidet; sein Ge=
schick ruft ihn nach Rom. In dieser Zwiesprache zwi=
schen Chor und Baß=Recitativ liegt eine Wehmuth,
die vor Gottesfurcht und Zuversicht des Glaubens nicht
zur Weichheit kommt. Paulus schifft von hinnen; der
Schluß=Chor gibt ein an Neuheit der Erfindung und
Größe der Auffassung ausgezeichnetes: „Lobe den Herrn,
meine Seele!"

Dies sind die Farben des großen Tongemäldes.
Die zornige Baßtiefe des Paulus, bevor ihn die So=
pranstimme aus den Wolken verklärt, und die Chöre der
Juden sammt dem verworrenen Geschrei der Heiden,
bilden die Schattentöne. Der heidnische Opferchor gibt
helle Streiflichter der üppigen Sinnlichkeit. Alles aber
wird von der verklärten Kraft des Paulus, von der un=
erschütterlichen Einfachheit der Choräle seiner Gemeinde
und von den Stimmen aus der Höhe, die den Sieg
der Lichtwerdung verkünden, zu einem in sich fertigen,
organisch gegliederten Ganzen zusammengehalten. Ein

so klar durchdachtes, in allen seinen Gegensätzen zu solcher Abrundung hinburchgeführtes Tonwerk ein wahrhaft echtes und großes zu nennen, bedarf es kaum eines Nachweises einzelner Schönheiten. Ich glaube darauf hingewiesen zu haben, was mir nach einmaligem Anhören von ganz besonderer Neuheit der Erfindung schien. An Klarheit der Entfaltung, Beherrschung der darin contrastirten ideellen Mächte, sucht dies Werk seinesgleichen.

8.

Pfingstmontag.

Düsseldorf hat ganz den Habitus einer preußischen Residenz en miniature, es ist ein klein Berlin. Zu dieser Physiognomie liefern der Hofstaat des hier residirenden königlichen Prinzen und die militairische Eleganz die hauptsächlichsten Züge. In den Festtagen stellt sich dies zu ganz besonderem Glanze heraus, und die Menge der aus allen Rheinlanden zusammenge=

strömten Fremden füllt, im bunten Gemische mit den
Uniformen des kriegerischen Preußenthums, die sonst
etwas eintönige, in ihrer glatt modernen Bauart wort=
karge Stadt. Es fehlen die Elemente bürgerlicher
Thätigkeit, die ein bewegtes volles Leben machen. Was
aber ein Hofleben bedingt, vorzugsweise ein preußisches,
stellt sich hier zu einem vortrefflichen Bilde zusammen.
Hierzu gehört die Protectorschaft von Kunst und Intel=
ligenz. Zwar sind die alten, der kurfürstlichen Zeit an=
gehörigen Kunstschätze gegen alles bisherige Protestiren
im Besitze Baierns geblieben, und es ist kaum wahr=
scheinlich, dieselben hier wieder versammelt zu sehen;
aber Schadow's Akademie ist unermüdlich, um mit
neuen Schätzen- Düsseldorf's Gegenwart bedeutsam zu
machen. Dazu kam Immermann's Leitung des
Theaters, die dem hiesigen Leben auch einen Farbenton
verlieh, wie er nur zum Gemälde einer Hof= und Re=
sidenzstadt paßt. Gegenwärtig hat Immermann jedoch
seine ausschließliche Beschäftigung mit dem Theaterwe=
sen aufgegeben, und nachdem es seinem allerdings be=
deutsamen Talente im Ganzen und Großen unvergönnt

geblieben, der deutſchen dramatiſchen Literatur eine neue, auf Geſchichte baſirte Nationalrichtung zu eröffnen, mochte ſein Eifer auch auf dem beſonderen Boden an dem Verſuche erlahmen, eine deutſche Schauſpielkunſt poe= tiſchen Zwecken gemäß zu geſtalten. Bei alledem mag ſeine Bemühung die Möglichkeit nahe genug gebracht haben, mit Beſchränkung der um ſich greifenden Opern= genüſſe und mit gänzlichem Verwerfen der wiener Poſſe und des pariſer Vaudevilles eine claſſiſche Bühne zu organiſiren. Hält man den Zuſtand der jetzigen Bühnen in ſehr volkreichen Handelsſtädten, wo man ſich nur verſammelt, um eine eilig zuſammengeraffte neue Oper zu hören, ein wiener Spectakelſtück zu ſehen, oder ſich an der glänzend hervorſtechenden Perſönlichkeit eines gaſtirenden Kunſttalents zu weiden, mit der Stufe der hier gepflegten Schauſpielkunſt zuſammen, ſo tritt Im= mermann's Beſtreben allerdings in ein bedeutendes Licht, das nur, um allgemeiner wirkſam und ein Prototyp für andere Bühnen zu werden, eines andern Grund und Bodens, eines Centralpunctes deutſcher Nationa= lität bedurfte, der unſerm Leben nun einmal fehlt. In den beiden Centralstädten einer auseinandergerissenen, weltweit geschiedenen Deutschheit flickt man sich das Schauspiel nur zusammen, wie es eben geht ohne frisch belebtes Nationalinteresse. In Berlin spielt Jeder auf seine Hand, und Alle nur so gut, als Raupach schreibt, und das will nicht viel sagen. Und auf dem Burgtheater ist die kanonisch gebildete Schauspielkunst ziemlich nahe daran, stereotype Manier zu werden, da es ihr zu fortgesetztem lebendigen Impulse an einer Literatur fehlt, die ihrer würdig wäre. So lange Devrient und Wolff in Berlin wirkten, stand dort Alles wie von Einem Künstlerhauche beseelt; diese beiden Männer waren in der That, als Repräsentanten zweier großen poetischen Tendenzen — des genial Romantischen und des kunstfertig Classischen — die belebenden Brennpuncte, um die sich das dortige Schauspiel ekliptisch bewegte. Seit Raupach dort vorherrscht, ist man in der Schauspielkunst auf ein mittleres Niveau zurückgesunken, Raupach hat die Zustände der deutschen Bühne verschlammt. Von dem großen Stürmer in München konnte man wohl am wenigsten hoffen, daß sich eine

artiſtiſche Schule um ihn bildete, zumal Hr. v. Schenk
nur weinerlich höfiſche Gelegenheitsſtücke dazu ſchrieb
und Michael Beer keine neue Richtung einſchlug. Ein
eben ſo vereinzeltes Phänomen iſt Seidelmann in Stutt=
gart. Seine Spielmethode iſt als eine großartige Tech=
nik glänzend und neu; aber wollte man ſich dieſelbe als
Eigenthum einer Schule denken, ſo würde ſie nichts
weiter ſein, als ein ſtereotypes Maskenſpiel. Die bei=
den herumvoltigirenden Bühnencavaliere, Jerrmann und
Kunſt, ſind eher als ſtörende Elemente zu bezeichnen,
um ein organiſches Ganzes, wie doch ein dramatiſches
Werk ſein ſoll, völlig aus dem Zuſammenhange zu he=
ben. Einzelne ſehr intereſſante weibliche Perſönlichkei=
ten, wie Mad. Haizinger=Neumann in Karlsruhe und
Frln. v. Hagn, können um ſo weniger die Elemente
um ſich her zu einem Ganzen vereinigen, als ſie ſelbſt
mehr oder minder ſich auf einzelne effectuirende Lieb=
habereien beſchränken. Dresden und Düſſeldorf ſind
meines Bedünkens die einzigen Puncte, wo ſich in
Tieck's und Immermann's Bemühen der Plan verrieth,
ein künſtleriſches Enſemble zu geſtalten, das beſähigt

sei, nach poetischem Verständniß zu spielen und ein classisches Drama in seiner Gesammtwirkung erscheinen zu lassen, was auf dem wiener Burgtheater doch nur auf sehr beschnittenem literarischen Terrain der Fall sein kann. Immermann hat jedoch, wie gesagt, seinen Eifer gekühlt. Er fungirt jetzt wieder als activer Landgerichtsrath, obwohl sein Einfluß auf die Leitung des Schauspiels noch seine fortgesetzte Wirksamkeit äußert. Wie es heißt, geht er jetzt damit um, Grabbe's „hundert Tage" in Scene zu setzen. Daß ein so großes dramatisches Talent, wie Grabbe, für die Bühne fast als verloren zu erachten ist, gehört zu den beklagenswerthen Belegen, womit das Dilemma zwischen Theater und dramatischer Literatur in Deutschland zu documentiren ist.

Wie vortheilhaft übrigens, bei allem überwiegenden Hervortreten einer militairischen Eleganz, der Einfluß eines preußischen Hofes auf den Gang wesentlicher Interessen ist, hat man hier recht eigentlich in diesen Tagen anzuerkennen. Die ungestörte Feier dieses achtzehnten niederrheinischen Musikfestes hat man der Huld

des Prinzen Friedrich in Düsseldorf zu verdanken. Es
hatten sich in den Rheinlanden Stimmen erhoben, die
es zu hintertreiben suchten, das Musikfest in den Pfingst=
tagen zu feiern. Man nannte es eine Störung der
kirchlichen Bedeutung des Pfingstfestes, die ölige Spinn=
stubengesinnung der elberfelder Pietisten verschrie es als
antichristlich, gottlos, heidnisch. Wäre es diesen schwüh=
len Christenseelen gelungen, ihr Vorhaben durchzusetzen,
so hätte sich der heitere Sinn der Rheinländer sein
Musikfest zwar noch nicht nehmen lassen, aber der Glanz
der Feier wäre in vieler Hinsicht getrübt, denn nur wäh=
rend der Pfingsttage war es möglich, daß so viel Tau=
sende von hüben und drüben, rheinauf= und abwärts
zusammenströmten, deren freudig bewegte Menge dem
Ganzen den Anstrich einer Nationalsache gab. Dem
eifrigen Verwenden des Prinzen Friedrich hat man,
wie gesagt, die ungestörte Feier des Festes zu verdanken.
Nur insoweit reussirte die schwühle Frömmigkeit mit
ihrer Verketzerung, daß es versagt blieb, den Paulus,
dies Werk voll religiöser Begeisterung und christlicher
Lichtwerdung des Geistes, in einem Kirchenraume zur

Aufführung zu bringen. Man sah sich auf einen Saal im Becker'schen Gartenlocale außerhalb der Stadt beschränkt. Ein großer Theil der Zuhörer war in diesem Raume schlecht bedacht; auch möchte ich nicht zugeben, daß die Tongestaltung in jeder Hinsicht ungehindert und vortheilhaft war. Sänger und Sängerinnen saßen neben und dicht hinter dem Dirigenten in mäßiger Erhöhung; die 133 Saiteninstrumente füllten die nächst ansteigenden Reihen, beide waren unbeschränkt in der Entfaltung ihrer Kräfte, aber Hörner und Posaunen waren bei der teraffenförmigen Gruppirung des Orchesters, der Decke zu nahe, der Pauke fehlte die Resonanz, ihr Ton klang stumpf und taub. Dazu kam die gepreßte Luft im gefüllten Raum, in welchem selbst einer bewährten Sängerin am heutigen Abende der Ton in der Kehle erstickte — genug, die Pietisten hatten es uns doch schwühl gemacht und ich benutzte als rechtschaffener Christ jede Pause, um meine zornige Gewitterstimmung auf einen werthen Nachbar zu entladen, dessen stilles weißes Lächeln ganz dazu geeignet schien, mir zum Blitzableiter zu dienen. Seine Kleidung bezeichnete ihn, er war

katholischer Priester. Wir gingen im Garten mehr=
mals auf und ab und versäumten sogar die eine Pièce,
einen Psalm von Händel. Ich schüttete meinen gan=
zen Groll dem Manne in sein blasses Gesicht. Er war
anfangs bestürzt über sein protestantisches Beichtkind,
das weniger von eignen Sünden als von den Sünden
seiner Glaubensgenossen und dem himmelschreienden Zeter
des protestantischen Sectengeistes zu berichten wußte.
Es freute mich, das lebensblasse, etwas klösterlich ver=
steifte Antlitz des Mannes, der kaum ein Fünfziger zu
sem schien, sich immer freudiger röthen zu sehen, je
mehr ich meinem Herzen über das verwahrlosete Christen=
thum Luft machte. Christ ist Christ, dächte ich, und
man muß sich als Mensch verständigen, wenn ein
dumpfer Wahn, der im Lebensgarten alle Blüthen und
Blumen verwüstet, sich für echt christlich ausgiebt. Ich
erzählte ihm von dem Hader der protestantischen Par=
teien. „Ich habe gehört," sagte er, „ich habe gehört."
Sonst war er still und maß mich mit weiten Blicken;
ein ruhiges weises Lächeln stand wie ein Triumph, den
seine Kirche feierte, auf seinen Lippen. Der Katholi=

cismus hat oft schon diesen Triumph erlebt, daß ein
gequältes Protestantenkind Ruhe sucht in seinem unge-
störten Schooß, der das Leben mit allen seinen Leiden-
schaften duldet, den Künsten die schwellende Blüthe gestattet, aber Alles in seiner ruhigen unerschütterlichen
Tiefe bezwingt und verklärt. Gegen das freche Wort
der Spürkraft des nüchternen Verstandes hat sich der
Katholicismus allezeit mit allen seinen Schrecknissen ge-
waffnet, der Freiheit der Forschung hat er Stillstand
geboten, sobald sie der Menge das stille Traumleben
der Gemüthswelt zu stören drohte, aber was das Leben
zum Leben macht, die freie Entfaltung seiner Kräfte zu
einer schönen Welt, hat der Sinn des Katholicismus
noch immer befördert und beschirmt; er hat immer den
Einen großen Gedanken festgehalten, daß der volle
Reichthum des ganzen Menschenlebens wie ein Teppich
hingebreitet werde vor dem gewölbten Himmel der Kirche.
Die Sterne blicken auch gern auf irdisches Rosenbeet
und der keusche Mond weidet sich am liebetrunkenen
Menschenauge, dessen Schönheitsflamme ein Kuß in
stiller Nacht entzündet. Die katholische Religion ist

ihrer Heiligkeit so gewiß, daß sie dem Menschen sein Spielzeug nie zerbrach. Hat sie doch so und nicht anders zu den Künsten den Impuls gegeben; Malerei und Musik fanden in der Welt des Katholicismus ihre tiefsten Wurzeln. Vor der aschfarbnen Gräue, mit welcher der protestantische Pietismus den heitern Sternenhimmel des Christenthums überzieht, erbleichen alle Farben des Lebens, und wer nicht hienieden in aller Unschuld der begadten Sinne seinen Gott sucht und findet, mich dünkt, dem wird sein Angesicht auch jenseits abgekehrt bleiben. Gott ist kein Gott des Todes. Daß man aber fromm sein könne, auch wenn man sich in Musik berauscht, — habe ich Ihnen das gestern nicht schriftlich bewiesen, Leopoldine?

Dem katholischen Manne Gottes hatte ich meinen Glauben gebeichtet. Wir standen auf dem kleinen Rasenplatze am Ende des Gartens, als er seine Hand auf meine Schulter legte, und mich mit seinen großen dunkelschwarzen Augen umspannte, als wollte er Besitz nehmen von meiner Seele. Sein weises Lächeln hatte einem salbungsreichen Ernste Platz gemacht, sein Scheitel glänzte, seine Haltung wurde pathetischer und die Reihe, zu lächeln, war nun süglich an mir. „So sind Sie denn," sagte er feierlich, „schon kraft Ihres eignen Denkens beinahe besähigt, um einer der Unsrigen" —

„— um ein Christ zu werden," unterbrach ich ihn. „Ja, bei Gott! es wird einem schwer genug gemacht im Leben. Es gehört viel eignes Denken dazu, um das Kleinod des echten Christenthums herauszufinden aus der zwiespältigen Welt, viel eignes Denken und viel Unschuld der Seele. Lassen Sie uns Mozart's Cantate hören, wir versäumen das Wichtigste. Wir brauchen Musik, um über die Form hinweg zum Inhalt zu kommen."

Der Mann war verstummt. Ich hatte an den Menschen in ihm appellirt, aber ich war doch im Grunde auf eine habgierige Priesterseele gestoßen. Bei alledem habe ich ihn später doch wieder aufgesucht und meine Gedanken mit ihm ausgetauscht. Wir kehrten in den Saal zurück. Mozart's Davide penitente begann soeben, die 73 Violinen und 48 Violen und Violoncelle setzten sich in Bewegung. — Zu dem, was sonst noch der Abend geboten, gehörte Beethoven's Sinfonie mit Chören über Schiller's Hymnus an die Freude.

Sind Sie mir heute böse, Dina? unzufrieden mit meinem Tagewerk? — Der Schlaf legt sich, ein Genius der Unschuld, über meine Augen und hüllt alle meine Gedanken in süßes Vergessen. So wird uns der Tod einst dem zwiespältigen Leben entrücken, wir werden glücklich sein, — wenn unsere Gedanken schwinden.

9.

Düsseldorf, den 25. Mai.

Gestern und heute früh saß ich noch zu wiederholten Malen an der Stelle, wo Christoph Grabbe am hellen lichten Tage stundenlang zu schlafen pflegte. Im Drachenfels, einem Weinhause in der Rheinstraße. Ueber dem Platze, wo er saß, hängt sein Bild, ein groteskes Gesicht mit eingefallenen Wangen, verbissenen Lippen, zerstörten Zügen, über denen eine stolze, fast majestätisch hohe Stirn wie mit dem Zorn des Don-

nerers thront. Das Haar hängt verworren herab, das
Auge hat nur noch Kraft zu momentanem Aufblitzen.
Früh morgens, wenn er erwacht, bedarf er eines fürch=
terlichen Stärkungsmittels; was eine andere Natur um=
wirft, belebt erst seine physischen Kräfte. Um neun
Uhr saß er am Schreibtische und schleuderte da jene
kolossalen Geburten von sich, die in ihrer riesigen Ge=
stalt ihresgleichen suchen. Um ein Uhr war er mit dem
Tage fertig. Zu essen pflegte er nicht, oder nur wenig.
Er ließ sich ankleiden und in den Drachenfels führen;
eine Wunde am Fuße aus der Burschenzeit seiner Stu=
dentenjahre hinderte ihn am freien Gange. Und dann
saß er in dem sechseckigen Zimmer, im Winkel oder
am Fenster, halb grübelnd, halb im Schlafe, ein Bild
der verzerrten Physis, an der die Psyche nur noch her=
umleckt in seltnen Momenten. Eine Flasche leichten
Weines stand vor ihm, er nippte nur noch wenig; ein
Becher mit Fidibus durfte, selbst wenn er schlief, nicht
fehlen auf dem Tische. Dann und wann blitzte ihm
ein Gedanke durch den Kopf; dann faltete er eines der
zusammengedrehten Papiere auseinander und schrieb mit

Röthel auf den schmalen Streifen das Ergebniß des
Momentes. Seine Taschen staken voll von solchen be=
schriebenen Schnitzeln, aus denen er seine Tragödien
zusammensetzte. So lebte er tagtäglich, für die son=
stige Menschenwelt verloren, Alles, was der Tag sonst
brachte, mit Verachtung, mit Hohn, von sich weisend.
Ein dämonischer Stolz ließ ihn die erbärmliche Hülle
seines Körpers ertragen, er war Cyniker aus Leiden=
schaft, aus Grundsatz, aus fürchterlichem Eigensinn, der
ihn für alle Interessen des für ihn verwüsteten Lebens
unfähig machte. Immermann hatte ihn aus Frank=
furt hierhergezogen, um ihn für die Theatergeschäfte zu
gewinnen. Grabbe ist durch und durch gutmüthig,
wer sein Vertrauen hat, lenkt ihn wie ein Kind, findet
ihn aber für alle Praxis eben so unfähig wie ein Kind.
Grabbe schrieb Rollen ab und erhielt von Immermann
dafür nach Gebrauch die Gebühren. Wenige Tage vor
Pfingsten hatte er Düsseldorf verlassen, um wieder in
seiner Heimath, Detmold, zu vegetiren. Seine hie=
sigen Verhältnisse waren abgebraucht; der detmolder
Hof, wo er früher die Stelle eines Auditeurs beklei=

bete, machte ihm wieder ein Anerbieten; seine Frau ist in Detmold eine der angesehensten Damen. Die Contraste seines Lebens und seines Naturells lassen sich nur andeuten, sie auszumalen fehlt aller Muth. Man muß den Drachenfels besuchen und den eben so geistreichen als liebenswürdigen Weinwirth erzählen hören. Mit leichtem Moselwein läßt sich diese schwere Geschichte eines deutschen Dichters hinunterspülen.

Eine Zeit lang saß Grabbe nicht so ganz einsam hinter seinem Fidibusbecher im Drachenfels. So lange Norbert Burgmüller lebte, hatte er einen treuen Gespons. Ein Musiker, ein Schüler Spohr's, sieben Jahre jünger als Grabbe *), eben so abgemüdet von allem, was Leben heißt, saß Norbert täglich neben ihm in dem Winkelzimmer. Sie schlürften mit einander aus Einem Glase, schliefen zusammen, über den Tisch gelehnt, und haschten von einander die wortkargen Gedanken, die über Gott, Menschheit und Welt im Gehirne des Einen und des Andern wie ein Fluch des

---

*) Grabbe ist im Februar 1801 geboren.

Geiſtes über die Natur auftauchten. Es waren die
Einfälle verzweifelter Einſiedler. Wenn Hoffmann und
Devrient in Berlin bei Lutter und Wegener nächtlich
ſaßen und die Funken des Witzes dämoniſch aus ihrer
weinglühenden Stirn ſprühten, ſo war eine Schaar
von Nachtgeſellen um ſie verſammelt, die von den Bro-
cken ihres geiſtigen Reichthums zehrten. Und dieſe
beiden Männer hatten den vollen Tag hinter ſich, der
Kammergerichtsrath hatte am grünen Seſſionstiſche ſein
Urthel geſprochen, der große Mime hatte am hellen
Mittage, in der letzten Zeit freilich auch mitten im
Sommer bei geheiztem Ofen, eine Rolle einſtudirt;
Abends ließen ſich den Dämonen einige infernaliſche
Gunſtbezeigungen mit Recht und Fug abgewinnen.
Hier aber ſaßen zwei Jünglinge ſchon am Tage fertig
mit dem Tage und ſeinen Anſprüchen, von dem fröhlichen Leben, das an den Ufern des goldgrünen Rheins
ſich der Sonne freute, geſchieden wie durch eine lähmende dunkle Macht. So lange Norbert Burgmüller
lebte, ſaß Grabbe nicht einſam im Drachenfels. Aber
er reiſte im Anfange dieſes Monats nach Aachen und

starb am 7. Mai ganz plötzlich im Bade. Grabbe
erließ im düsseldorfer Fremden=Anzeiger eine Notiz, die
wie ein Steckbrief abgefaßt war: „Norbert, Du woll=
test wiederkommen, Du hast Dein Wort nicht gehalten!
Du bist weiter gereist, als Du solltest und wolltest.
Norbert, kommst Du nie wieder?" Und der hartge=
fügte, starkgepanzerte Grabbe saß von da an nur in
Thränen aufgelöst in der drachenfelser Weinstube, schrieb
nichts mehr auf den Fibibus und konnte seine „Herr=
mannsschlacht," mit der er beschäftigt war, nicht voll=
enden. Dieser Norbert war für ihn nicht blos der
einzige Freund, auch der einzige Mensch gewesen in
aller Welt; in jedes andere Gesicht spie er seine Men=
schenverachtung. Und er nahm die Gelegenheit wahr,
Düsseldorf zu verlassen. *)

Norbert Burgmüller ist als Musiker wenig bekannt

---

*) Grabbe starb in Detmold am 12. September 1836, noch
nicht fünfunddreißig Jahr alt. Merkwürdig war aus der letzten
Zeit in Düsseldorf ein Zettel an Immermann: „Die Hermanns=
schlacht, welche Sie erwähnen, ist gegen Hannibal ein Koloß.
Sie ist fertig. Ich feile nur noch, sinke auch wohl an ihr nieder,
wenn sie vollendet ist — auf ewig."

geworden. Seine Sachen sind im Beethoven'schen Styl geschrieben. Wie ich höre, führt Mendelssohn-Bartholdy noch in diesen Tagen zur Todtenfeier des Gestorbenen eine von dessen Sinfonien auf.

Ich stürzte gestern halbtoll aus dem Drachenfels hinaus, die Rheinstraße enlang nach dem Hafen. Ich wollte sehen, ob denn diese Welt so abscheuwerth ist, um sich schon bei lebendigem Leibe mit Haut und Haaren dem Teufel der Einsamkeit zu verschreiben; — denn nur die Einsamkeit, zumal die selbstverschuldete, macht dich irre an Gott und allen guten Geistern. Laßt mir den Leichtsinn, ihr Götter, und die bewegliche Welle des Blutes, die viel überspült und in Vergessenheit taucht!

Am Hafen war reges Leben. Die Gondeln schwebten hin und her, die Wimpeln flatterten, die Matrosen jodelten, aus der Ferne zog ein Dampfschiff heran und der Wind kräuselte die Wolken der Rauchsäule auf und nieder. Ich setzte mich ans Ufer und der Lärm des geschäftigen Tages verscheuchte meine drachenfelser Nachtgedanken. Und dann stieg auch, wie ein stiller

Hüter meiner Seele, Ihr Bild, Dina, wieder vor mir
auf, und wiegte sich im goldgrünen Spiegel des Rhei=
nes zu mir herüber und wieder zurück in das täuschende
Wellenspiel.

Ich war nun gerüstet, um Musik zu hören, und
durfte das Morgenconcert, womit die Reihe der musi=
kalischen Festivitäten geschlossen wurde, nicht versäumen.

Madame Fischer=Achten war unpäßlich geworden;
das Morgenconcert mußte zum großen Theil improvi=
sirt werden. Herr Schmezer sang die Bildnißarie des
Tamino aus der Zauberflöte, Fräulein Grabau Arie
und Recitativ der Vitellia aus dem Titus, Herr David,
Concertmeister in Leipzig, spielte mit der anerkannten
Feinheit seines Geigenstrichs die schwere Sonate von
Beethoven *), mit Mendelssohn's Begleitung auf dem
Flügel. Aber von der ersten Ouvertüre zu Beethoven's
Leonore muß ich Ihnen noch besonders erzählen. Diese
erste, bis jetzt nur sehr Wenigen bekannte, Ouvertüre

---

*) Die dem pariser Kreuzer gewidmete.

zur Leonore (Opus 138.) war bereits im Jahre 1805 componirt. Eine zweite, unter demselben Titel erschienene, schrieb der Meister erst später, und die dritte, zum Fidelio componirte, gehört ihrer Entstehung nach dem Jahre 1814 an. Beethoven's Oper hatte in Wien Anfangs gar nicht gefallen, deshalb die häufigen Umgestaltungen. Außer diesen drei Ouvertüren existirt eine vierte, welche bis jetzt nur vierhändig für das Clavier erschienen ist. Alle vier sind sehr verschiedene Geburten einer und derselben Geistesstimmung; nur in den allgemeinen Motiven haben sie etwas Gemeinschaftliches. Es ist z. B. eine sehr interessante Erscheinung, welche zu besonderer Betrachtung veranlaßt, daß derselbe Accord, dieselbe Fermate, die in der Ouvertüre Nr. 2. den Uebergang bilden, zur Andeutung des Triumphes der Liebe über die dunkeln Gewalten der Tücke, in der Ouvertüre Nr. 1. in ähnlicher Weise, aber in ganz entgegengesetztem Sinne, die Einleitung zur Darstellung des tragischen Looses Florestan's abgeben, indem die Anklänge aus seiner Arie hier ganz besonders hervorgehoben werden. Will man die erste Ouvertüre mit der zum Fidelio in Vergleich bringen, so verhalten sie sich zu einander, wie ein elegischer Seufzerhauch zu dem völligen Schrei des lautesten Schmerzes, der den gewölbten Bau der Brust zu zerschmettern droht.

Die erste Ouvertüre zur Leonore war bisher als Manuscript Eigenthum Haßlinger's in Wien und Schindler's in Aachen. Der Letztere, ein Feind aller Musikfeste, verweigerte auf mehrfache Bitten ihre Mittheilung. Dem Bestehen der Musikfeste, die fast die Bedeutsamkeit einer Nationalsache in Anspruch nehmen könnten, wird durch die Grille dieses und jenes Musikers schwerlich ein Abbruch geschehen. Das nächstjährige niederrheinische Fest wird in Aachen gefeiert werden. Heute Mittag war eine Anzahl theilnehmender Freunde und Freundinnen zum Abschiedsschmause beisammen. Die Tribune war mit Mendelssohn-Bartholdy's Bild geziert; die Kränze, die ihm die begeisterten Rheinländerinnen auf die noch so jugendlichen Schläfe gedrückt, hingen zu Guirlanden gewunden zu beiden Seiten. Auf

der blaſſen Wange des Meiſters ſchwebte eine leiſe Röthe;
ſein kluges Auge ſah keck aus, wie zu neuen Entwürfen
gerüſtet. Der würdige Schadow brachte den Toaſt aus
für das Fortbeſtehen der rheiniſchen Feſte.

Von meiner Wanderung durch die Ateliers der Ma=
ler gebe ich in aller Eile nur kurzen Bericht. Scha=
dow arbeitete an einem Altarblatte für die Kirche in
Dülmen; zwei Engel ſtehen an der Leiche Chriſti. Ben=
demann iſt vom alten Teſtamente ins neue übergegan=
gen; er malt einen gegeißelten Chriſtus. Von ſeinem
Jeremias ſieht man hier noch die kleine Farbenſkizze.
Von Hübner ſah ich eine Gruppe Schnitter und einen
großen Carton zum Tobias.

Und nun, adieu, Oma, auf lange Zeit. Ich bin
recht müde vom Sehen, Hören und Schreiben. Wenn
ich an Sie ſchreibe, ſo iſt's immer wie ein Ruf aus
tiefſter Seele heraus. Nun ſollen Sie lange nichts
von mir hören, nun will ich ſchweigend den Rhein
ſtroman, ſeine Burgen beſteigen, ſeine Weine proben.
Wenn ich an ſeine Strudel komme, will ich denken:

wie leicht seid ihr zu beschiffen gegen die Strudel der Gemüthswelt! Wenn ich in seine glänzende Tiefe blicke, will ich bedenken, wie weit lieber ich in Dina's glänzende Augentiefe blickte. Aber sie soll es nun nicht mehr wissen. Hab' ich sie gequält mit meinen Worten, so will ich sie nun mit meinem Schweigen belohnen. Was sollt' ich Ihnen auch vom Vater Rhein erzählen, das nicht schon Jedermann wüßte. Du hörst von mir keine Sylbe, bis ich vor Dir stehe; dann magst Du mir das Siegel von den Lippen lösen.

Lightning Source UK Ltd.
Milton Keynes UK
UKHW020322221118
332685UK00006B/971/P